国家自然科学基金项目（41902266，41572273）
国家重点研发计划项目（2020YFB1712100）
中原科技创新领军人才项目（194200510015）
河南省高校青年骨干教师培养计划（2021GGJS116）
河南省科技攻关项目（212102310275）

地铁隧道地下水致灾机理与防控研究

Study on groundwater-induced disaster mechanism and control measures of subway tunnel

张明飞　童立元　李广慧　杨延栋　魏晓刚　著

中国建筑工业出版社

图书在版编目（CIP）数据

地铁隧道地下水致灾机理与防控研究＝Study on groundwater-induced disaster mechanism and control measures of subway tunnel / 张明飞等著. —北京：中国建筑工业出版社，2021.12
ISBN 978-7-112-27066-8

Ⅰ.①地… Ⅱ.①张… Ⅲ.①地铁隧道—地下水—灾害防治—研究 Ⅳ.①U231.3

中国版本图书馆CIP数据核字（2021）第272085号

本书是作者多年从事隧道工程研究理论与实践的总结，强调基本数据、基础理论、数值模拟以及实际工程应用，特别是介绍了该领域国内外的最新研究成果，全书共分6章，具体内容包括：绪论、长三角南部漏斗区地下水-地面沉降发生发展规律研究、水位变动条件下地铁隧道结构响应规律的模型试验研究、水位变动条件下地铁隧道结构响应规律的数值分析研究、工程性降水条件下地铁隧道结构响应规律研究、地铁隧道工程地下水灾变控制策略与方法研究。本书的理论阐述深入，同时还注重理论研究成果的实际应用介绍，以期对地下工程防灾减灾的推广应用有所裨益。

本书研究成果拟应用领域主要包括：城市安全与防灾减灾、土木交通建筑、隧道及地下工程。因此，本书可供土木建筑、市政及交通、水利、地下工程和地质工程等专业的科技人员参考使用。

责任编辑：辛海丽
责任校对：党　蕾

地铁隧道地下水致灾机理与防控研究

Study on groundwater-induced disaster mechanism and control measures of subway tunnel

张明飞　童立元　李广慧　杨延栋　魏晓刚　著

*

中国建筑工业出版社出版、发行（北京海淀三里河路9号）
各地新华书店、建筑书店经销
北京龙达新润科技有限公司制版
北京建筑工业印刷厂印刷

*

开本：787毫米×1092毫米　1/16　印张：8¾　字数：215千字
2021年12月第一版　2021年12月第一次印刷
定价：**45.00元**
ISBN 978-7-112-27066-8
（38841）

版权所有　翻印必究
如有印装质量问题，可寄本社图书出版中心退换

（邮政编码　100037）

前言

郑州"7·20"洪水对我国特别是北方地区的地下工程设计的影响是深远的，同时将地下水这一因素的重要性提到了一定高度。全球气候变化不确定性增大，必然加剧地下水水位变动，这对地下工程也必然产生影响。

21世纪，中国城市轨道交通以稳定、方便、快捷的特点，在大中城市的交通运输中发挥着越来越重要的作用，成为居民出行必不可少的交通工具之一。水位及沉降漏斗形态不断演化，工程性抽水的流固耦合作用使得地面沉降这种缓变性的环境地质灾害变得复杂，使赋存其中的地铁隧道长期性态趋于复杂化，并对其全周期寿命产生不利影响。地下水抽取诱发的沉降漏斗及其对地铁隧道等地下工程结构的影响，是近年来岩土工程领域的研究热点及难点。

本书即是在此背景下，针对地下水-地铁隧道研究中存在的困难，以地铁工程建设密集区域——长三角南部地区为典型研究区，采用模型试验和数值仿真相结合的手段，着重研究如下关键内容：（1）综合实测数据和文献资料数据，给出典型地下水水位变动模式的表达公式，为后续相关模型试验及数值模拟典型工况的选择奠定基础；（2）进行漏斗区水位变动条件下基于应力场与渗流场耦合效应的地铁隧道结构响应规律的模型试验及数值分析研究；（3）通过将工程性降水简化为梯形附加作用力，并基于 Mindlin 解得到梯形附加作用力下的解析解和分布曲线，并结合数值模拟分析隧道受力变形的影响因素；（4）针对区域性地下水抽取诱发地面沉降风险的防控措施进行综述，在不同工程性降水-止（截）水模式条件下地下水及地面沉降规律系统分析基础上，提出止水帷幕的设计参数建议，最后还结合具体工程实例，分析典型工程性降水（深基坑）对临近隧道、高铁桩基及建筑物基础等地下结构物的影响及相应控制措施。研究成果将对长三角等沉降重灾区密集地铁工程的安全运营具有重要科学意义和工程应用价值，也为其他地下水位变化较大地区的地下工程安全提供参考，并期望为推动岩土工程和地铁隧道工程的进步尽一份绵薄之力。

本书是郑州航空工业管理学院、东南大学和盾构及掘进技术国家重点实验室在隧道工程领域合作成果的部分展示，反映了国家重点研发计划项目（2020YFB1712100）、中原科技创新领军人才项目（194200510015）、河南省高校青年骨干教师培养计划（2021GGJS116）、河南省高校实验室工作研究会研究项目（ULAHN202108）、国家自然科学基金项目（41902266，41572273）、河南省科技攻关项目（212102310275）、河南省青年人才托举工程（2022HYTP011）等项目资助研究的部分成果。另外，东南大学博士及硕士研究生车鸿博、潘皇宋、杨涛、闫鑫、古文博、杨溢军、李伟、郑灿政、哈斯、陈欢、李恒等参与了部分研究内容。在此，对所有成员的辛勤工作致以衷心感谢！

由于作者水平有限，书中不足之处在所难免，望读者批评指正。

目 录

第1章 绪论 / 1

1.1 研究背景 ······ 1
1.2 国内外研究现状 ······ 2
   1.2.1 地下水降落诱发地面沉降机理及其分析方法研究 ······ 2
   1.2.2 地下水对地下结构物的影响研究 ······ 9
1.3 主要研究内容 ······ 14

第2章 长三角南部漏斗区地下水-地面沉降发生发展规律研究 / 16

2.1 地下水抽取-地面沉降发生发展规律分析 ······ 16
   2.1.1 上海地区地下水开采及地面沉降发生发展历程 ······ 16
   2.1.2 苏锡常地区地下水及地面沉降发生发展历程 ······ 18
2.2 地下水位变动模式分析 ······ 26
   2.2.1 地下水位变动模式的提出 ······ 26
   2.2.2 地下水位变动公式 ······ 28
   2.2.3 含水层变形模式 ······ 29
2.3 本章小结 ······ 30

第3章 水位变动条件下地铁隧道结构响应规律的模型试验研究 / 31

3.1 地下水位变动对线性地铁隧道影响的模型试验研究 ······ 31
   3.1.1 相似原理 ······ 32
   3.1.2 模型材料 ······ 33
3.2 模型试验方案及过程 ······ 38
   3.2.1 试验方案 ······ 38
   3.2.2 试验过程 ······ 38
3.3 模型试验结果分析 ······ 39
   3.3.1 纵向变形与纵向应变 ······ 40
   3.3.2 切向应变及其与竖向变形的关系 ······ 43
   3.3.3 纵向弯矩及其与竖向变形的关系 ······ 46
3.4 本章小结 ······ 47

第4章 水位变动条件下地铁隧道结构响应规律的数值分析研究 / 49

4.1 FLAC 3D 软件简介 49
4.1.1 FLAC 3D 的基本本构模型 49
4.1.2 FLAC 3D 流固耦合 49
4.2 水位变动对线性地铁隧道影响的数值分析研究 50
4.2.1 工程概况 50
4.2.2 计算模型 51
4.2.3 计算结果分析 53
4.3 本章小结 82

第5章 工程性降水条件下地铁隧道结构响应规律研究 / 84

5.1 工程性降水特点及实例分析 84
5.1.1 工程性降水特点 84
5.1.2 实例分析 84
5.2 工程性降水诱发隧道变形的理论分析方法 90
5.2.1 工程性降水诱发附加应力的简化分析方法 90
5.2.2 土层沉降解析解 90
5.2.3 梯形作用力下的弹性地基梁解析解 93
5.3 工程性降水条件下地铁隧道结构响应规律的数值分析研究 96
5.3.1 模型建立 97
5.3.2 工程性降水诱发隧道纵向受力变形分析 97
5.3.3 工程性降水诱发隧道横向受力变形分析 100
5.4 本章小结 105

第6章 地铁隧道工程地下水灾变控制策略与方法研究 / 106

6.1 长三角南部地区区域性地下水降水环境影响防控措施分析 106
6.2 工程性降水-止（截）水模式对地下水流场及周边环境影响分析 108
6.2.1 不同止水帷幕插入深度时降水渗流特征及其对周边环境影响预测分析 108
6.2.2 不同止水帷幕-井组合模式下降水对基坑渗流影响分析 110
6.3 深基坑工程性降水开挖对临近建（构）筑物的影响分析及控制技术 113
6.4 临近隧道的基坑保护措施 115

附录 梯形作用力下的土体沉降和应力解析解 / 117

参考文献 / 124

第 1 章 绪论

1.1 研究背景

21世纪将是中国城市轨道交通的新纪元,它以稳定、方便、快捷的特点,在如今大中城市的交通运输中发挥着越来越重要的作用,成为居民出行必不可少的交通工具之一。截至2019年12月,我国正在开展地铁建设的城市达到43个,其中长三角、珠三角以及环渤海三大经济圈的形成和快速发展,成为我国经济发展的重要引擎,同时也是轨道交通建设最密集的地区。根据2016年5月国务院批准的《长江三角洲城市群发展规划》,预计到2025年,上海将拥有包括地铁、市域铁路、机场快线、磁浮线等形式的29条轨交线路,总长将达到1050km;至2050年,苏锡常轨道交通总里程预计达到约800km;其中苏州将规划建成9条轨道交通线,总里程(含延伸段总长)380km;无锡规划增至6条轨道交通线,总长度超过200km(图1-1,黑色实线为降落漏斗等值线);常州城市轨道交通线网由6条线路组成,规划总里程约208km(图1-2)。

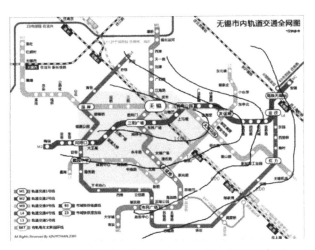

图 1-1 无锡轨道交通远景(2050年)规划示意图

世界上广泛存在因超量开采地下水资源而引发的沉降现象,其中美国有80%以上已发生的地面沉降是人类抽取地下水的结果[1]。由于地下水超采,长三角、珠三角、华北平原等都形成了区域性地下水降落和地面沉降漏斗,并伴随产生了地裂缝等地质灾害,全国灾害发生城市超过50个,地面沉降累计量超过200mm的地区面积达到79000km^2,最大累积沉降量超2.5m,直接经济损失超5000亿元。苏锡常地区最严重的地质灾害类型是地面沉降和地裂缝,禁采后沉降区面积基本稳定,累计沉降大于200mm的地区面积约6000km^2,约占该地区总面积的一半[2];上海最大累积沉降量超2.89m。

图 1-2 常州轨道交通远景（2050 年）规划示意图

此外，受城市密集建筑群、大规模生命线工程（地铁隧道、高铁、输油气管线）建设过程中工程性抽取地下水的影响，区域或局部地下水位仍处于持续变动之中，加上静动载荷（城市密集建筑群、立体交通网络设施）的协同作用，水位及沉降漏斗形态仍将不断演化，工程性抽水的流固耦合作用使得地面沉降这种缓变性的环境地质灾害变得复杂，使赋存其中的生命线工程长期性态趋于复杂化，并对其全周期寿命产生不利影响，如上海地铁1、2号线运营后形成了人民广场站—陆家嘴站区间沉降漏斗（直径达 3km，累积沉降达 100mm 以上，最大纵向差异沉降达 295mm）、徐家汇站—黄陂南路站 3km 沉降漏斗（地面沉降及区间隧道累积沉降大于 200mm、差异沉降大于 100mm）[3]。

本书即是在此背景下，拟以苏锡常地区为研究背景区，对水位变动条件下地铁隧道结构响应规律、工程性降水条件下地铁隧道响应规律进行系统研究，为地铁工程等重大工程可持续发展战略对策的提出奠定一定的技术基础，其研究成果将对长三角、华北平原、汾渭盆地等沉降重灾区地铁工程的安全运营与维保具有重要的现实意义，也是当前我国可持续社会发展的迫切需要。

1.2 国内外研究现状

1.2.1 地下水降落诱发地面沉降机理及其分析方法研究

1. 地面沉降现状

1）区域地面沉降

地面沉降现象的记录首次发生在 1891 年的墨西哥城，其次是 1898 年在日本新潟发现，但是，由于沉降量不大，危害不太明显，当时将其成因归结为地壳升降运动[4]。目前为止，世界上已有60多个国家和地区发生地面沉降，其中美国50个州中的45个，超过44000km²的土地受到了地面沉降的影响，80%的地面沉降是由于过量开采地下水引起的[5]；意大利水都之城威尼斯地面沉降非常严重，著名的市政府大楼罗内丹宫已下沉了3.18m[6]。

我国也是地面沉降较严重的国家之一，据不完全统计，我国目前已有96个城市和地区发生了地面沉降（表1-1和表1-2），其中80%分布于中东部地区[7]。上海地面沉降最早于1921年发现，截至2005年，最大沉降为2.89m[8]。与上海临近的苏锡常地区地面沉降主要发生在最近30年，截至2000年，累计沉降大于200mm的区域面积约为苏锡常总面积的一半[9]。北京、天津、沧州是华北平原的沉降中心区，由于地下水的超采，北京沉降量大于500mm的区域达到50km²[10]，天津沉降量大于500mm的区域为7270km²，最大沉降量达到3.1m[11]，沧州沉降量100mm的区域面积在1986年就达到9400km²，至2001年累计最大沉降量为2236mm[12]。

全国地面沉降情况统计[13] 表1-1

地区	面积(km²/处)	发育分布简要说明
江苏	379.5/4	自20世纪60年代初开始,苏锡常三市分别出现地面沉降,到20世纪80年代末累计沉降量分别达1.10m、1.05m、0.9m,2000年最大沉降速率分别为40~50mm/a、15~25mm/a、40~50mm/a
上海	850/1	地面沉降始于1920年,至1964年已发展到最严重的程度,最大降深2.63m,以后逐步控制,现处于微沉和反弹状态
天津	10000/1	从1959年开始,1万多平方千米的平原区均有不同程度的沉降,形成市区、塘沽、汉沽3个中心,最深达3.916m,最大速率为80mm/a
浙江	362.7/2	宁波、嘉兴两市自20世纪60年代初开始出现地面沉降,到1989年累计沉降量分别达0.346m、0.597m
山东	52.6/3	菏泽、济宁和德州（分别发现于1978年、1988年和1978年）累计沉降量分别为0.077m、0.063m、0.104m,最大沉降速率分别达9.68mm/a、31.5mm/a、20mm/a
陕西	177.3/7	西安市自20世纪50年代后期开始出现7个地面沉降中心,最大累积降深达1.035m,最大沉降速率达136mm/a
河南	59/4	许昌（1985年发现）、开封、洛阳（1979年发现）、安阳,最大降深量分别为0.208m、不详、0.113m、0.337m,安阳为区域性沉降,速率达65mm/a
河北	3.6×10⁴/10	整个河北平原自20世纪50年代中期开始沉降,目前已形成沧州、衡水、大城、任丘、肥乡、河间、坝州、南宫、邯郸9个沉降中心;沧州最甚,累积降深达1.131m,速率达96.8mm/a
安徽	360/1	20世纪70年代初出现沉降,1992年最大累积降深达1.02m,速率可达60~110mm/a
黑龙江	/4	哈尔滨、齐齐哈尔、大庆、佳木斯出现了房屋开裂、地面形变等地面沉降的前兆,地面沉降的主要因素是地下水超量开采
北京	800/1	自20世纪50年代中期开始沉降,最大累积沉降量达0.597m
云南	/1	昆明市火车东站地段发现地面下沉
山西	200/4	太原（1979年发现）最大沉降量为1.967m,速率为0.037~0.114mm/a,大同（1988年发现）、榆次、介休最大沉降量分别为0.06m、不详、0.065m,速率分别为31mm/a、10~20mm/a、5~7.5mm/a
广东	0.25/1	20世纪60~70年代发现湛江市出现地面沉降,最大降深0.11m,后由于减少地下水开采已基本控制

续表

地区	面积(km²/处)	发育分布简要说明
海南	/1	20世纪90年代发现海口市最大沉降量达0.07m，目前尚未造成危害
福建	9/1	福州市1957年开始发现地面沉降，目前，最大累积沉降量达678.9mm，速率为2.9~21.8mm/a
合计	48655.21/45	全国的地面沉降基本发育在长三角平原、华北北平原、环渤海、东南沿海平原、河谷平原和山间盆地几类地区，年均直接损失1亿元以上

我国主要城市区域地面沉降[14]　　　　　　表1-2

城市	地貌部位	沉积环境与时代	年沉降量(mm/a)	发现或观测时间	沉降成因
上海	长江入海口	海陆交替相，第四纪	200	1921~1965	抽取地下水
天津	海河下游滨海平原	第四纪	80	1959~2003	抽取地下水
西安	内陆断陷盆地	湖沼相风成相，第四纪	50~100	1970~1995	构造形变与地面沉降之和
太原	内陆断陷盆地	冲洪积，第四纪	175	1956,1978~1988	构造形变与地面沉降之和
阜阳	淮河冲积平原	冲积，Q_1，Q_2	60~110	1970~1992	抽取地下水
沧州	滨海冲积平原		96.8	1980~2003	抽取地下水
苏州	长江三角洲	冲积，Q_1，Q_2	40~45	1960~1993	抽取地下水
无锡	长江三角洲	冲积，第四纪	38	1955~1993	抽取地下水
大同	内陆断陷盆地	冲积湖，Q_1，Q_2	10~24	1988~1993	构造形变与地面沉降之和
台北	台北盆地	冲积新生代末期		1963~1988	抽取地下水

2）工程性降水诱发地面沉降

工程性降水时，土中有效应力增加，渗透力增大，细颗粒不断被冲出；同时，渗透力在沿降水漏斗方向上的分量使得土体有效应力增大以及形成的真空帷幕，使土体向负压力方向移动，共同导致了基坑周围土体的沉降和不均匀沉降[15]。承压含水层与潜水含水层降水不同的是，前者是一个卸载过程而后者是一个加载过程[16]。

工程性降水引起的坑周地面沉降在坑周1~2倍外占主要因素，在此范围内与基坑开挖引起的地面沉降相当。Roberts等[17]研究发现，距离基坑2~3倍开挖深度范围内的地面沉降主要是由基坑开挖引起的，而在该范围以外的地面沉降主要是由基坑降水引起的。而施成华等[18]用随机理论表明，距基坑周边8~10m范围以内，基坑开挖和降水引起的沉降基本相当，而距坑周20m以外的地表下沉主要由降水引起。张刚[19]通过理论分析和实测数据对比，表明基坑开挖约占减压降水引起地面沉降的30%。

郑刚等[20,21]通过数值分析和现场试验，揭示了承压含水层及其上覆土层的沉降规律，并提出对承压含水层进行局部减压时，土体最大沉降值并不在地表。曾超峰[22-24]和孙文娟[25]对于基坑开挖前预降水产生的沉降和支护结构变形进行分析。

王春波[16]、龚晓南[26]和张杰[27]等引入Mindlin位移解的积分公式，求解了减压降水引起的上覆土层的沉降。结果表明，地表沉降与抽水时间、出水量、承压水水头的降深、上覆土层厚度以及覆土层弹性模量等因素影响较大，而受泊松比及承压含水层渗透系数的变化影响较小。骆冠勇[28]等认为减压降水产生的固结效果可以等同于常规的双向排水固结。

2. 地面沉降成因机理及计算模型

地面沉降相关的研究较早，也引起国际的重视；联合国教科文组织（UNESCO）与国际水文科学协会（IAHS）至今已召开了九届国际地面沉降学术会议[29,30]，分别于1969年、1976年、1984年、1991年、1996年、2000年、2005年、2010年和2015年在日本的东京、美国的阿纳海姆、意大利的威尼斯、美国的休斯敦、荷兰的海牙、意大利的拉韦纳、中国的上海、墨西哥的克雷塔罗和日本的名古屋。

地面沉降按成因可分为自然因素和人为因素，前者是沉降发生的先决条件，是内因，主要包括地层岩性[31]、冻土融化[32-34]、欠固结土层的压密[1,2,35-44]、构造运动[32-34]以及气候变化[32]等；后者是外因，但它的影响已远远超过自然因素（地面沉降主要发生在经济较为发达，人为活动较为密集的地区），主要包括地下水[1,2,35-44]（约80%的地面沉降与超采地下水有关[45,46]）、煤[47]、石油和天然气[48,49]等地下资源的开采、工程建设活动[50-52]和大面积动静荷载[29,30,53]。地面沉降按其成因，可划分为五种类型：升降运动型、压实压密型、塌陷型、有机质土变质型和软化型[32]。

根据地质环境将地面沉降分为四种类型：①沿海河流三角洲地区，长江三角洲（如上海和苏锡常地区）、老黄河三角洲（天津和唐山等地）和现代黄河三角洲[54,55]；②现代冲积平原地区，如天津、北京、德州、济宁和沧州等大部分平原地区；③沿海平原（包括台湾省沿海平原），宁波、湛江和台北等地；④内陆断陷盆地，西安[56]、太原和大同等地（表1-1和表1-2）[13]。

开采地下水诱发地面沉降的作用机理主要是有效应力原理[57,58]，次要是水动力固结理论[34,59]，前者主要解释由于开采地下水过程中的土体压实固结引发的地面沉降，后者解释开采地下水后的残余压实引发的地面沉降。从本质上讲，这是渗流场变化和土体应力重分布的过程，具体的解释角度主要为：水体流动、渗透力作用[60]、重力场变化、土粒间或扁平土粒的扰动变形、层间位移协调[61]、土体的弹性[26]、黏弹性[62,63]、塑性[43,64-66]、黏弹塑性变形[67]以及蠕变特性[68,69]。

地面沉降的计算模型，从解释原理上主要分为两大类：第一类是基于物理力学性质的土水模型[52]；第二类是基于数理统计和经验的生命旋回模型（表1-3)[58]。

地面沉降计算模型对比　　　　　　　　　　　　　表1-3

模型	特点	优点	缺点
生命旋回模型	根据现有测得数据分析及预测未来变形	模型直观、简单	需要大量实测数据
土水模型	基于地下水渗流及土体固结变形原理	原理清晰	方法较多，参数繁多，计算复杂甚至难以实现

土水模型主要包括渗流场模型（水流、水动力场）、应力场模型（土体变形）、渗流与应力场耦合模型（水土耦合）三方面的内容[52]：

（1）渗流场模型包括：二维流[70]、准三维流[71]和三维流[72]模型。

（2）土体变形模型包括：线弹性模型[73]、非线弹性模型[74-76]、流变固结模型、比奥固结模型、弹塑性固结模型、黏弹塑性模型、回归模型及半理论、半经验模型以及最优化计算法等。

（3）水土耦合模型可分为3类：两步计算模型[77-80]、部分耦合计算模型[81,82]和完全耦合计算模型[83-87]。

生命旋回模型主要包括泊松旋回模型[88]、Verhulst生物模型[89]、神经网络模型[90-95]、随机介质模型[96]和灰色模型[97-99]。

3. 模型试验

这方面的模型试验始于20世纪50年代，日本学者村山朔郎，通过大比例尺模型试验研究含水层抽水与地表沉降的关系。Murayama[100]用1个方形（长5m，宽2.7m，高2.3m）和2个圆形（直径2m，高1.5m）的模型箱分别填筑含水层（砂土）和弱透水层（黏土）后，同时进行抽水试验，分析抽水过程中沉降的发展规律。

国内也开展了诸多同类模型试验研究，蔚立元等[101]在模型试验过程中通过周围环境的振动模拟水位波动。周志芳等通过自行设计研制的地面沉降室内试验装置（外径40cm，内径38cm，总高205cm），模拟释水引起的地面沉降。徐海洋[102]用该装置开展了释水条件下含水层系统沉降试验及禁采—回灌条件下的回弹试验。

沈水龙[103]做了挡墙[104]和基桩[105]的阻挡作用模型试验（图1-3），模型箱尺寸为2m×1.2m×1.2m（图1-4）。

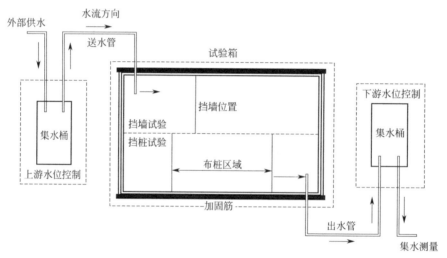

图1-3 试验过程及装置总体示意

张昊宸采用高60cm，直径41cm的圆柱形模型箱[106]（图1-5），研究基于布里渊光时域分析技术（BOTDA）的水头变化条件下土体沉降。

图1-4 模型箱

图1-5 南京大学的地下水模型试验

周朋飞等[107]做了小模型箱试验（图 1-6）和大模型箱试验（图 1-7）来模拟分析地下水的水浮力折减作用。前者为圆柱形，由壁厚 10mm 的有机玻璃筒加工而成，其内径为 380mm，外径为 400mm，高为 776mm；而后者尺寸为 1.8m(长)×1.2m(宽)×2.5m(高)。

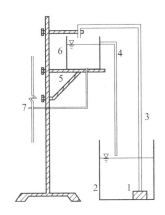 

1—潜水泵；2—蓄水池；3—上水管；4—溢流管；
5—升降台；6—加水装置；7—接模型槽进水管

(a)   (b)

图 1-6 中国地质大学的小模型箱试验
(a) 供水装置示意；(b) 供水装置及测压管

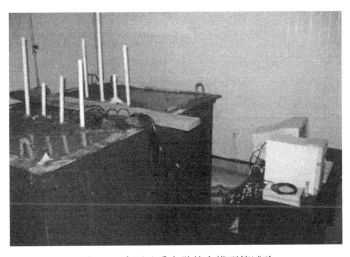

图 1-7 中国地质大学的大模型箱试验

苑艺[108]以椭球形压力水囊模拟地铁隧道穿越地面的沉降凹槽中心（图 1-8），通过控制压力水囊的均匀排水速率和排水量，模拟地下水开采引起的地层沉降变形。

唐益群等[109,110]（尺寸为 3.4m×2.55m×1.25m）和戴海涛[111]（直径 2.5m，高 3m 的圆柱形钢桶）也都做了地面沉降大型物理模型试验，研究了抽取地下水后地面发生的变形及土层孔隙水压力的变化规律。

王非等[37]制作的模型试验槽尺寸为 60cm×50cm×100cm，通过模型试验研究抽水对地面沉降的影响。认为抽水主要含水层组的压缩变形虽然在总沉降中占较大比例，但并

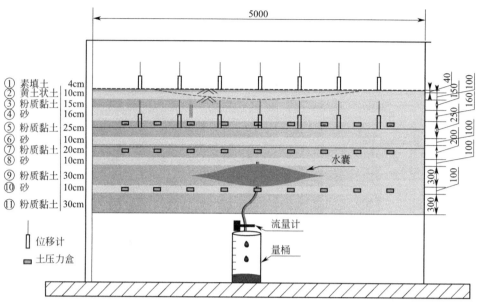

图 1-8 长安大学的模型箱

不能作为总沉降,上覆土层在深层沉降向上传播过程中也会发生变形,因为变形的大小与上覆土层的物理特性及其所处的应力状态有关[112],注水后浅层土可能发生微量回弹。

余龙[113,114]使用铁板模拟隧道工作井,为了便于排水,在土箱的底部铺设一层 9cm 厚的黄砂,形成双排水通道;挡墙采用 5mm 厚薄钢板模拟,隧道采用 $\phi40mm$ 的薄铁管模拟。

综上所述,国内模型试验装置汇总如表 1-4 所示。

国内地下水模型试验装置 表 1-4

学校	尺寸(长×宽×高)	特点
沈水龙等[103]	2m×1.2m×1.2m	做了挡墙和挡桩模型试验,进水口和出水口设计较为精密
张昊宸等[106]	高 0.6m,ϕ0.41m	用光纤是测定土的应变,但由于太小,无法放置结构物
周朋飞等[107]	1.8m×1.2m×2.5m	供水系统采用循环水路、溢流供水装置,以保证水位稳定
苑艺[108]	5.0m×2.5m×2.0m	用椭球形压力水囊模拟抽承压水引起沉降
藏海涛[111]	高 3m,ϕ2.5m	通过橡胶模拟上覆压力,使上层固结;用高智能型单点沉降计测量单点沉降
唐益群等[109,110]	3.4m×2.5m×1.3m	用多层环路加水
王非[37]	0.6m×0.5m×1.0m	包含沉降板和弱透水层的抽水试验造成的沉降

4. 数值模拟

1) 数值方法

国外的学者进行了开创性工作,早在 20 世纪 80 年代,Gambolati 采用线性边界元方法进行单场条件下的地面沉降计算[115];Kim J. M. 运用了具有上覆荷载作用的完全耦合数值模型[116];Larson 在加利福尼亚的圣华金河谷地面沉降计算中,也建立了地下水与沉降的耦合数值模型[117];Kihm 建立了韩国地区地面沉降问题三维数值耦合模型[118]。

国内学者也进行了诸多研究,杨林德利用 MATLAB 建立了向异性饱和土体全耦合方程组[119]；崔亚丽等利用 MODFLOW 软件，对北京市地下水与地面沉降耦合进行数值模拟[120]；Mei 运用了有限层程序求解 Biot 固结方程[121]；骆祖江等对上海地区某深基坑降水地面沉降进行了三维数值模拟，还建立了江苏沿江地下水开采、地面沉降三维数值模型[122]；刘白薇等建立了大同市松散沉积层的地质结构模型、地下水的三维流动数学模型，并应用 MODFLOW 与 IBS 结合模拟了大同市地面沉降与地下水开采的关系[123]；彭青华[124] 和佘文芳[125] 利用 MODFLOW 对沧州市地面沉降进行数值可视化研究。

2）计算机模拟程序

McDonald 和 Harbaugh 于 1988 年开拓性地开发了 MODFLOW 三维地下水流模型[126]，之后 Leake 和 Prudic 写出了 IBS1 程序包，Leake 将 IBS2 程序包与 MODFLOW 进行了耦合。为模拟夹层中地下水的滞后而开发的 SUB 模块出现在 MOLDFOLW2000[127] 中。施小青、薛禹群等修正了 SUB 程序包[128]。崔小东利用美国的 MODFLOW 与英国学者共同开发了 IDP 夹层排水软件包，并在此基础上做了进一步的改进[129]。骆祖江等开发了 GWS 软件[130]。地面沉降模拟程序发展特点见表 1-5。

地面沉降模拟程序发展特点[131]　　　　　表 1-5

理论基础	模拟程序	开发时间	特点
比奥固结理论	ADINA	20 世纪 80 年代	能够有效地考虑各种非线性效应
	FLAC	20 世纪 80 年代	模拟各种复杂的工程力学行为
太沙基有效应力原理	Modflow-IBS	1991	孔隙水压力消散在一个应力期完成
	IDP	1993	充分考虑到黏性土孔隙水压力随含水层水位变化的滞后过程
	SUB	2003	在 IBS 程序基础上改进，可模拟夹层中地下水的滞后排泄而造成的含水系统的压缩、弱透水层的排水和压缩的滞后现象
	SUB-WT	2007	适用于浅层潜水含水系统的模拟流域尺度的含水层系统压缩
	LS-MM 模型	21 世纪初	涉及 7 个参数，适用于区域性地面沉降模拟，能刻画黏弹塑性变形、弹性变形、黏弹性变形和弹塑性变形

IBS、IDP 程序涉及参数少，机理简单，可以模拟小范围（数百平方千米）且参数获取不足地区的地面沉降；对于黏性土分布范围广，且变形具有滞后性的地层模拟，SUB 程序更加适合；对于浅层潜水系统的压缩变形研究，SUB-WT 程序更加胜任；而对于地层变形形式多样的区域地面沉降模拟，LS-MM 程序是一种探索手段，因暂无公开发行的模拟程序包或可操作的软件，大大限制其广泛应用。由于全耦合模型对地层变形等参数要求较高，只有在参数资料全面的研究区，FLAC 和 ADINA 才能达到较好的模拟效果。

1.2.2　地下水对地下结构物的影响研究

地下结构物（例如地铁）其实既是地层（或土体）沉降的制造者，同时也是地层沉降的受害者。长期、过大的地层沉降量与差异沉降会对隧道结构和运营安全产生不利影响，甚至导致已有结构裂缝扩展或产生新的裂缝，引起和加剧隧道渗漏，以及地铁几何形态（包括曲率半径、坡度、坡长等参数）的改变，影响乘坐舒适度和运营安全。影响地铁隧道变形的因素很多，区域性和工程性地下水抽取就是重要的因素之一（表 1-6）。

影响地铁隧道变形的因素　　　　　　　　　表 1-6

类型		影响机理	影响时间
附加荷载	建筑荷载	有效应力增加	长期
	振动荷载	荷载造成累积变形	长期
盾构隧道建设期间	基坑开挖	开挖引起的应力应变的变化	短期
	盾构隧道施工	超孔隙水压力消散诱发的主固结和次固结沉降	短期
	基坑降水	降水引起的软土固结	短期
地下水诱发长期沉降	区域降水和沉降	区域性孔隙水压力消散和土体固结	长期
	隧道渗漏	孔隙水压力消散和土体固结	长期
	地下建(构)筑物引起的阻挡作用	隧道两侧水位差	长期

最初研究隧道沉降的诱因，主要是定性讨论导致长期沉降的各种因素，认为周围土体的固结和流变是隧道工后沉降的主要原因。

通过诸多学者的深入研究，可以总结出十种产生不均匀沉降的原因[132,133]：①施工时对土体的扰动及土体受扰动后的固结沉降（软土层的流变因素）；②下卧层分布的不均匀性；③上方覆盖层分布的不均匀性；④隧道临近建筑施工活动的影响；⑤地表加卸荷；⑥隧道所处地层的地下水位以及潮汐的变化；⑦下卧层的水土流失；⑧隧道与车站连接处运营环境的差异；⑨运营期间交通工具的振动荷载作用；⑩隧道渗漏等因素。其中，上方土层长期沉降[134]、下卧层不均匀[135]、地质条件[136,137]、振动荷载[138]和地表荷载活动[139]等，是引起隧道产生不均匀沉降的主要原因。

1) 地铁隧道沉降与区域沉降的关系

上海轨道交通地铁 1、2 号线[8]、南京地铁 3 号线[140]以及苏州、无锡和常州地铁隧道变形监测数据显示，地铁隧道总体处于沉降状态，并在空间上表现出明显的不均匀变形的特点（图 1-9 和图 1-10），并具有与地面沉降叠加的影响。隧道变形的影响因素是多方面的，地铁隧道呈线状贯穿于城市地质大环境之中，不可能脱离自然地质环境变化发展的大趋势。因此，区域地面沉降对地铁隧道的变形有相当的影响[8]，隧道的沉降在很大程度上是受区域地面沉降所控制的[8]。地下水抽取诱发的沉降是长期的（表 1-6），而隧道

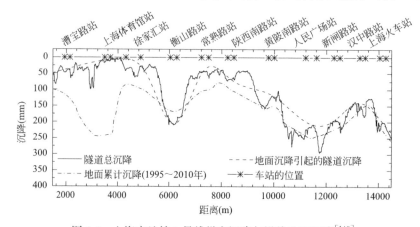

图 1-9　上海市地铁 1 号线纵向沉降与沿线地面沉降[143]

实测数据也表明长期沉降占总沉降量的 30%～90%[141]，在软土地区该比例更高，可达 60%～90%[141,142]，可以认为地下水抽取诱发的沉降是最重要的。

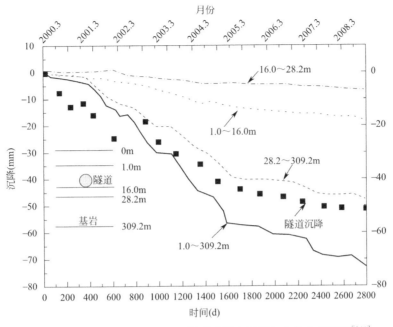

图 1-10　上海中山公园站附近地铁隧道纵向沉降与土体分层沉降[144]

2）地铁隧道纵向变形研究

地铁隧道在宏观上主要受纵向荷载作用，是复杂的三维地下结构；在横向上常采用承载能力优良的圆形结构，抗压和抗弯刚度通常较强，相比之下，隧道的纵向承载性能要弱得多[138,145]。尤其当隧道处于软土层中时，隧道可视为一根"悬浮"于软土层中的长细梁。其纵向变形不能像横向一样得到有效约束，而是在软土中发生依附于软土的不均匀纵向变形和横向侧移。综上，同时为了充分调动土层自身的承载能力和自稳能力，隧道在纵向上往往被设计成半柔性结构。

虽然地铁隧道的纵向问题已逐渐引起重视，但截至目前，在设计与施工中仍然只是从横断面和个别区间简单考虑，荷载、结构设计和接头设计都主要以隧道横截面平面为基础，没有考虑土体与隧道结构的共同作用对隧道结构的影响及纵向沉降对横向结构的影响。早在 2000 年，国际隧道协会（ITA）就在"盾构法隧道设计指导"[146]中提出，必要时应将隧道纵向沉降的影响列入荷载类别的特殊荷载项予以考虑。建议沿纵向选择几个典型剖面（如具有最深、最浅覆盖层的剖面；具有最高、最浅地下水位面的剖面；具有偏心荷载的剖面；具有较大超载的剖面；目前或将来具有相邻隧道的剖面等）进行计算，再选择对这一段隧道来说最安全的断面作为此段隧道衬砌横向截面的计算基础。美国交通运输研究协会在年度报告（2000）[147]中提到，很多处于软土中的隧道和管道出现问题或破坏就是由纵向不均匀沉降诱发的。最常见的情况是，由于下卧土层土性的纵向分布不均匀而产生的纵向不均匀沉降。所以国际隧道协会在 2000 年提出了隧道"纵向设计"的概念，并计划开始进行这方面的研究工作。《日本隧道标准规范（盾构篇）》[148]中提到：在软弱地层中修筑隧道时，根据需要应对地基下沉对隧道本身及隧道与竖井接合处的影响进行研究。国内规范也有简化考虑，例如上海市《地基基础设计规范》DGJ 08-11-2010[149]指出，盾构隧道纵向不均匀沉降的影响是不可忽视的，尤其是盾构工作井（包括地铁车站等）和区间隧道的连接处；隧道底部下卧土层特性及分层突变处；覆土厚度急剧改变处等。规范还提到在施工阶段和运营阶段，进行隧道结构的横向内力和变形计算时，必要时候宜考虑隧道纵向沉降对横向内力和变形值的影响。

目前，纵向沉降的研究按照考虑盾构隧道和周围土体的主次关系分为两种。

(1) 考虑盾构隧道、次要考虑周围土体的纵向沉降的分析方法，有解析法、数值分析法和模型试验法。

解析法主要包括梁-弹簧模型[150-152]、等效均质梁模型及修正模型[145,153-159]、三维骨架模型[152,160]、梁-接头不连续模型[161]。数值模拟法主要包括有限单元法和有限差分法，该方法计算功能强大，能考虑结构间相互作用和进行参数化分析，经济实惠，在隧道纵向变形的分析中应用广泛。许多模型[162,163]都是通过梁、壳单元来模拟隧道管片并且转动弹簧来模拟隧道接头。这些梁、壳弹簧模型没有清楚地说明纵向变形的盾构隧道的受力变形模式。考虑隧道接头的模拟模式主要包括：转动模式[150-152]、错台模式[164]和三维精细模式[165,166]。常用于隧道纵向沉降数值模拟的计算软件主要包括 SuperSAP91[167]、ANSYS[168]、TDAD[169]和 MARC[170]。目前，基于隧道与土相互作用的研究主要针对施工期，而对运营期内隧道纵向沉降模式及接头受力变形性状的研究还比较少。

同样，有关纵向变形的盾构隧道的试验也比较少。早在 1986 年，小泉淳等曾做过一个现场试验，以得到盾构隧道的纵向刚度。徐凌[154]通过模型试验对通缝、错缝、部分均质、完全均质情况下的隧道进行研究。黄宏伟等[171]采用 PE 管和 PE 片接头做了一个纵向隧道衬砌结构的模型试验。结果表明，衬砌纵向沉降曲线与高斯曲线吻合。余占奎[171,172]根据上海地铁隧道的实际工程，设计隧道纵向相似的模型试验。

(2) 考虑周围土体、次要考虑盾构隧道的纵向沉降的方法，也分为理论解析法、数值分析法和经验方法。

理论解析法主要是运用各种固结理论（如太沙基固结理论、比奥固结理论等）和蠕变理论进行分析，但是软土的固结和蠕变受诸多因素影响，不仅取决于土的类别和状态，也取决于其边界条件、排水条件和受荷方式等，因此理论解析法在实际工程应用具有较大的难度。数值分析法是近年来逐渐兴起的一种计算方法，能解决一些较为复杂的长期沉降预测问题，但是在软土本构模型选择、计算指标的选取方面还存在一些问题，从而常常导致其计算结果与实测值存在较大偏差。工程中通常采用经验方法。经验方法主要是基于实测的沉降-时间曲线（常用的函数类型有：双曲线函数与修正的双曲线函数、指数函数、S形曲线函数等[173,174]）。

3）长期沉降对地铁隧道的影响

实际工程中，往往难以直接测量或计算隧道变形，常常是通过间接方法由地基的变形来分析隧道的结构变形（这实际是认为隧道是柔性变形，且隧道变形等于周围土体变形），而分析方法通常包括以下三种：等价荷载法、位移叠加法和近似解法[173]。余占奎等分析了软土盾构隧道结构因过量纵向沉降或不均匀沉降引起的隧道渗水、漏泥、结构局部破坏等影响隧道正常使用及其耐久性的问题，并进行了隧道纵向设计理论的研究[175]。郑永来等基于某地铁隧道的纵向沉降实测数据,分析了纵向沉降对盾构隧道结构安全性的影响,并建立了隧道纵向变形曲率与隧道管片接头环缝张开量之间的关系,为软土隧道的运营维护和防水设计提供了依据[176]。廖少明等查阅大量工程实际测量资料,总结出隧道施工和运营阶段在内的隧道地基的四种典型沉降模式(隧道施工阶段的双曲线和指数沉降曲线模式,相邻工程影响的高斯曲线沉降模式和隧道运营阶段的三次抛物线沉降模式),并得出这四种沉降模式下,隧道纵向变形和结构内力的解析式[173,174]。

4)地下水对隧道的影响研究

施工中地下水对地铁结构的影响往往是短期的(表1-6),而运营期地下水对地铁隧道的影响是长期的,根据相关设计标准,地铁的设计使用年限为100年,研究地铁运营期间的地下水问题显得更有意义,本书主要研究运营期地下水对地铁隧道的长期影响,所以本节介绍地下水对地铁隧道影响的国内外研究现状。

由于相关文献较少,首先介绍地下水位变动对建(构)筑物的影响。地面沉降其实也是砂与粉土层在地下水位周期性波动下持续压缩的过程[177]。水位下降造成土层压密,水位再上升后,砂砾类岩土基本上呈弹性变形;而由于结构发生了不可逆转的变化,黏性土以塑性变形为主[178]。文献[179]通过变水位模型试验发现黏土层回灌阶段的回弹量仅占排水阶段的沉降量的10%~30%,说明水位变化条件下黏土因排水产生的沉降不是可逆的。地下水在自然波动或人工扰动形成较大水力坡降时,其动力作用不可忽视。动力作用和静力作用不同在于动力作用是有方向的,即指向水力坡降最大的方向[180]。数值分析软件中,FLAC 3D常被用于模拟分析不同水位对地铁车站的影响[181]以及水位波动对边坡稳定性的影响[182]。宋文杰讨论了地下水位上升至隧道仰拱、拱腰和拱顶位置时,既有地铁车站和周围土体的受力情况[181]。

其次,介绍地下水对地铁隧道的影响,诸多学者在理论分析、模型试验和数值模拟三个方面进行了研究。

根据有效应力原理,地下水水位变化,土骨架受力亦发生改变,隧道周围土体也随之发生变形,改变隧道结构原有的受力效应,从而使隧道结构产生新的变形,而隧道的局部隆起或下沉容易使隧道结构发生应力集中现象,进一步对隧道结构产生影响,使隧道结构产生破坏[183]。由前述可知,地下水是地面沉降尤其是区域沉降的重要诱因(表1-6),区域沉降必然对地铁隧道产生重要影响。其实,在城市地铁隧道快速发展过程中,地下水的存在已经成为威胁地铁的重要因素[184]。然而目前国内外,不但对于设计和施工过程中地下水荷载的问题尚无成熟的经验,而且对运营中的地下水问题的研究更加滞后,尤其是在计算理论、计算模型和本构关系等方面还有待进一步的研究[185]。

张彬等[186]构思了合理的模型试验,对地下水浮力的作用机理进行了分析、试验验证与研究,详细论述了模型试验的试验过程。Mair[187]指出隧道结构的椭圆化趋势是伴随着隧道结构周围土体的固结沉降而不断发生和发展,而隧道结构的断面的改变必然会导致隧道结构受力发生改变。Wongsaroj[188]其将隧道结构建为梁单元,通过改变隧道结构的渗透系数,分析隧道结构内力变化情况。王莉[189]对隧道长期纵向变形的影响因素进行研究得出,随着隧道运营年限的增加,外荷载如地下水等及土体固结沉降都对隧道结构的长期纵向沉降产生明显影响。胡琦琳[190]分析了地下水对长期运营隧道的影响,从隧道结构受力、渗漏水及地下水环境侵蚀等方面论述了隧道在地下水环境存在和变化下的主要问题。黄清飞[191]对已有的惯用法进行修正,在力法计算的基础上推导了不同水位下隧道结构受力特征,并根据推导的公式分别对砂卵地层和富水软土地层中盾构隧道在不同地下水水位下的受力情况进行了计算。

李建波[192]等通过 FLAC 3D 有限差分软件,对地下水回升和下降情况下隧道结构的受力和变形进行了模拟,讨论了地下水水位变化对隧道结构内力的影响。林志斌[193]运用 FLAC 3D 软件对盾构隧道施工中遇到的潜水和承压水的影响进行了数值模拟。黄宏伟[194]基于上海盾构隧道,运用 ABAQUS 有限元软件,对地下水位变化下的盾构隧道的孔压分布、地表沉降和管片内力随渗流时间变化规律进行了分析和讨论。傅勇等[195]应用 FLAC 3D 进行承压水数值模拟,将隔水层视为理想隔水层,不产生渗流,因此不考虑流固耦合;在承压含水层中施加孔隙水压力以体现承压水对上部隔水层的顶升作用。曹志豪等[196]研究苏州地区降水对隧道结构的影响。

一般认为,地下水的下降会引起隧道的变化,但实际上地下水水位的上升同样引起隧道的变化,尤其对于运营中的地铁隧道,地下水改变了地铁隧道周围土体的原有应力场,加上地下水中的离子对混凝土的侵蚀作用,缩短了地铁的运营使用寿命,这些都对人们的生命安全和工作生活产生了重大危险和严重影响。

根据资料,苏锡常大部分地区的地下水未来存在着明显的回升趋势。但对于在建和已建的建(构)筑物,这种地下水位的上升会对地下结构产生何种影响,目前仍少有研究。

沈小克[197]采用数值分析,研究了大直径的浅埋隧道在水位逐步回升作用下,其变形和内力的量化规律;指出水位上升引起隧道的灾害包括三个方面,结构整体上浮、应力状态变化和结构变形与位移。当隧道直径较大、埋深较浅时,需要考虑其结构的整体抗浮稳定性问题。其中,目前对于隧道上浮的研究主要集中在盾构施工期间的管片上浮的研究,主要的计算模式有三种:考虑上覆土重、上覆土的摩擦力,以及楔形破坏。由于水位上升引起的隧道变形一般在结构上都在可接受的范围内。但衬砌的变形会引起地铁轨道变位,而且不均匀变形会引起结构的开裂。罗富荣[198]采用 FLAC 数值模拟方法研究地下水水位逐步回升情况,分析结果表明,在地下水水位明显回升的情况下,隧道发生整体上浮、结构整体破坏的可能性不大,但会使隧道结构的内力(弯矩和轴力)发生变化,并且产生变形,对地铁结构产生一定的影响。地下水能够对水中的建(构)筑物产生浮力作用。当浮力足够大时,会导致水中建筑局部隆起或整体发生位移等后果,引起建筑物的受力发生变化,甚至造成建筑物的局部损坏,产生局部损伤和缺陷[199]。

通过以上的研究可知,地下水对隧道结构的影响是不可忽略的。地下水水位变化产生的荷载变化是地下水对隧道结构影响的主要方面。对于地下水对隧道结构的影响,将理论分析和软件模拟相结合,可以得出较好的相关规律。

1.3 主要研究内容

本书以典型地铁工程建设密集区——长三角南部地区为研究背景区,针对已有地下水抽取-土体变形-地铁隧道互馈响应研究方面的不足,采用室内试验、模型试验相结合,理论分析和数值模拟相结合的方法,深入分析地铁隧道地下水致灾机理与防控措施。主要包括如下内容:

1) 长三角南部地区水文地质条件及地下水位变动特征的分析研究

综合实测数据和文献资料数据,对长三角南部地区的水文地质条件,地下水位变动模式、变动幅度,区域沉降的发生发展规律进行调查分析,并采用常见函数对五种水位变动模式(水位等幅变动、持续波动下降并低于历史最低水位、小范围波动上升、小范围波动下降但高于历史最低水位和持续波动上升)进行拟合。

2) 地下水位变动对线性地铁隧道的影响规律分析研究

通过模型试验和数值模拟研究五种地下水位变动模式下土体和地铁隧道受力变形规律:

(1) 通过模型试验模拟土体沉降和隆起条件下的模型隧道纵向变形、纵向应变、径向应变、切向应变、纵向弯矩,以及切向应变、纵向弯矩与竖向变形的关系。

(2) 通过考虑流固耦合的 FLAC 3D 三维数值模拟手段对五种地下水位变动模式下的土体变形,隧道的纵向、横向、径向和切向变形以及隧道的附加轴力和弯矩的变化规律进行分析研究。

3) 工程性降水条件下地铁隧道结构响应规律研究

(1) 通过将工程性降水简化为梯形附加作用力,并基于 Mindlin 解得到梯形附加作用力下的解析解和分布曲线。

(2) 考虑弹性模量、作用力埋深、隧道埋深、接触参数、作用力宽度和偏心率等不同参数,用数值模拟对隧道纵向和横截面弯矩进行分析。

4) 地铁隧道工程地下水灾变控制策略与方法研究

(1) 针对区域性地下水抽取诱发地面沉降风险的防控措施进行综述。

(2) 在不同工程性降水-止(截)水模式条件下地下水及地面沉降规律系统分析基础上,提出止水帷幕的设计参数建议,最后还结合具体工程实例,分析了典型工程性降水(深基坑)对临近隧道、高铁桩基及建筑物基础等地下结构物的影响及相应的控制措施。

第 2 章 长三角南部漏斗区地下水-地面沉降发生发展规律研究

尽管国内外学者已经注意到地下水对沉降特别是地面沉降的重要影响,但对地下水的水位变动模式尚未形成合理的公式,对地下水-地面沉降的发生发展规律的研究尚且不足。本章调研了地铁工程建设密集区长三角南部地区(主要包括苏锡常和上海地区)的地下水漏斗和沉降漏斗发展演化规律与空间展布的基本规律,并将概括出的五种典型水位变动模式公式化,从而进一步提高使用效率和计算准确度;同时,为后续的理论分析、数值模型、模型试验和流固耦合模型提供基础依据。

2.1 地下水抽取-地面沉降发生发展规律分析

长江三角洲南部地区主要包括上海市、江苏省南部的苏锡常(苏州、无锡、常州)[200],实际总面积为 $1.7 \times 10^4 \mathrm{km}^{2[201]}$,位于中国的东南部,长江中下游南岸,其地理位置优越,东邻东海和黄海,西靠镇江和南京,南毗浙江,北连长江。苏锡常和上海地区的第四纪沉积层沿着西南-东北和西北-东南方向逐渐变厚,从 100m 到 400m,区内平均海拔小于 6m,海拔下降梯度约为 1/10000[202]。

2.1.1 上海地区地下水开采及地面沉降发生发展历程

1. 上海地区地下水开采

上海地区自 1860 年(清咸丰十年)开采第一口深井以来,至今已有近 150 年的地下水开发利用史。中心城区和全市的地下水开采量经历几个起伏的阶段,至 1921 年地下水开采量已达 $3.00 \times 10^5 \mathrm{m}^3/\mathrm{a}$,1949 年增至 $8.75 \times 10^7 \mathrm{m}^3/\mathrm{a}$,1964 年,全市年度开采量增至约 $2.00 \times 10^8 \mathrm{m}^3/\mathrm{a}^{[203]}$;1965 年后通过调整开采层次和实行"冬灌夏用"等措施,开采量逐渐降低;但随着经济发展的加快,又在 1995 年逐渐增加至约 $1.50 \times 10^8 \mathrm{m}^3/\mathrm{a}$。进入 21 世纪,由于监管,地下水开采量显著减少并增加回灌量,2007 年全市开采总量为 $4.36 \times 10^7 \mathrm{m}^3/\mathrm{a}$,其中中心城区开采量为 $7.20 \times 10^6 \mathrm{m}^3/\mathrm{a}^{[204]}$。最近几年,由于采取了限采措施,以及增加地下水回灌,地下水位下降趋势已经得到遏制,近期地下水位观测资料表明,大部分地区地下水位已经在回升。

含水层的开采进程曲线与总开采量类似,具体数据见图 2-1、图 2-2,可知,上海城区以第Ⅱ承压含水层(AqⅡ)和第Ⅲ承压含水层(AqⅢ)为主,而从全市地区来看,第Ⅳ承压含水层(AqⅣ)为主要采灌层。

2. 上海地区地面沉降

上海地区地面沉降最早于 1921 年发现,但早期的沉降发展较为缓慢。1949～1965 年

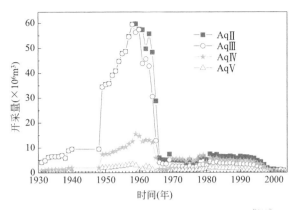

图 2-1　上海市中心各含水层地下水开采历程[203]

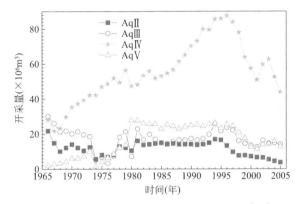

图 2-2　上海全市各含水层地下水开采历程[203]

累计沉降量增加较快，年平均沉降 75mm（图 2-3）[204]；1966~1971 年是地面微量回弹阶段，地面回弹累计 18.1mm，年均回弹 3.0mm，最大回弹量 53mm[205]；1972~1989 年、1989~1995 年和 1995~2005 年的年均沉降量分别为 3.39mm、9.97mm 和 13.39mm；截至 2005 年，中心城区的沉降已平均累计达到 1.92m，最大沉降为 2.89m[8]。

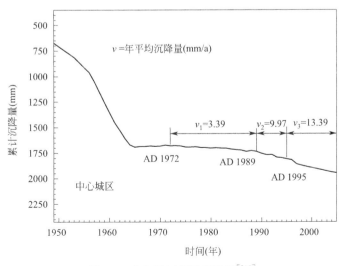

图 2-3　上海城区累计沉降量[203]

2.1.2 苏锡常地区地下水及地面沉降发生发展历程

1. 苏锡常地区地下水发生发展进程

苏锡常地区的地下水资源开发主要用于工业发展，工业活动占地下水使用量的70%，另外30%用于家庭生活。该地区的地下水开采历程主要分为五个阶段（表2-1）[79]：①地下水开发初阶段（20世纪60年代）；②地下水利用发展阶段（20世纪60~70年代）；③城区地下水超采阶段（1971~1985年）；④全区地下水超采阶段（1985~1995年）；⑤控制抽水阶段（1995年至今）。

苏锡常沉降控制措施与发展历程[206]　　　　表2-1

年份	措施/事件	结果
1990以前	随着经济快速发展，抽汲地下水量快速增加	地下水抽取毫无限制，沉降迅速扩展
1997	开始严格控制抽汲地下水量	水位逐渐上升，但区域沉降仍旧增加
2000	通过法律手段禁采深层地下水	地下水位逐渐恢复，然而区域性的沉降漏斗已经形成
2003	区域沉降监测系统建立，地下水位由地下水观测孔监测获得，沉降数据由GPS监测点、基岩标、分层标获得	
2005	深层地下水抽取的全面控制	水位快速上升，年沉降速率控制在10mm/a以内

20世纪70年代后，随着国民经济的飞速发展和人民物质文化生活水平的不断提高，和全国很多地区一样，苏锡常地区对地下水的需求量不断提升，对深层地下水的开采开始逐步形成规模。1980年以后，地下水开采量约为$(2\sim3)\times10^8 m^3/a$（图2-4），但进入20世纪90年代后，随着改革开放的深入和国民经济大发展，地下水开采量开始大幅度增加，至1995年开采量达到峰值约$5\times10^8 m^3/a$。但抽水和沉降威胁到防汛设施、地铁、隧道、桥梁、管道和地下室等建（构）筑物，政府不得不进行限采和禁采措施[8,207]。区内第Ⅰ、

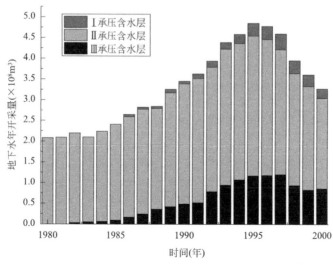

图2-4　苏锡常地区1980~2000年承压含水层抽水量历程[211]

Ⅱ、Ⅲ承压含水层面积分别为 9250km², 7170km² 和 3870km²。由于大规模地开采地下水，该地区的地下水位自 1964 年开始不断下降，在开采 22 年、29 年和 36 年后（即 1986 年、1993 年和 2000 年），第Ⅰ承压含水层漏斗区内的平均水位降深分别为 5.0m、6.5m 和 8.1m，第Ⅱ承压含水层平均水位降深分别为 24.0m、36.2m 和 43.9m，第Ⅲ承压含水层漏斗区的平均水位降深分别为 6.6m、16.9m 和 26.0m[208]。"禁采令"的推行是抽水量变化的关键界限，也是水位变化的关键界限，它对于苏锡常地区水环境的整体改善起到了关键作用，地下水位开始加速回升。禁采后主要的变化是水位回升、降落漏斗面积缩小、部分地区沉降回弹。

对比 2000 年初和 2009 年初苏锡常地区主采层（第Ⅱ承压含水层）水位埋深等值线（图 2-6）可以看出，禁采后苏锡常地区地下水位显著抬升，其中苏州、无锡和常州，年均水位上升速度分别为 1.6m/a、1.1m/a 和 1.5m/a[209]。禁采后，以主采层第Ⅱ承压含水层为代表的地下水位逐步回升，自 2000 年至 2009 年，40m 埋深水位降落漏斗面积由近 4000km² 缩小至 1200km²[209]。

抽水井数量和开采地下水总量的变化会导致含水层地下水位变化（图 2-5），地下水位从初始水平不断下降，然后逐渐回升。地下水位达到最低值的时间取决于它的位置，因为抽水井的数量在空间上有所不同。图 2-5 显示了第Ⅱ承压含水层在 1990 年、1994 年、2000 年、2007 年、2009 年的地下水位等值线。由图可知，禁采前 1994 年苏锡常地区有两个地下水漏斗：一处在苏州附近，漏斗中心的地下水位为 -61.7m，另一处位于无锡和常州（也称无锡西部）之间，漏斗中心的地下水位为 -82.6m。1998 年，两个漏斗逐渐扩大，苏州漏斗中心处的地下水位下降至 -62.4m，无锡西部漏斗中心处的地下水位为 -83.3m。到禁采初期的 2000 年，随着抽水井的减少，苏州漏斗中心处的地下水位约上升至 -45m，而无锡西部漏斗中心处的地下水位约为 -80m。禁采后，随着抽水井的大量减少，苏州地下水位上升到 -30m，并在 2007 年消失。无锡西部漏斗地下水位也上升，中心处的地下水位为 -74.9m。

水位的上升可以从区域和关键点两个方面分析，从区域方面来说，至 2009 年（图 2-6），苏锡常地区存在 3 个较为明显的水位回升区域：①沿江地区的苏州、张家港等地，因含水层渗透性及补给水源优良，地下水位上升显著，水位埋深已经普遍小于 10m，水位上升幅度均在 10m 以上；②苏州大部分地区以及无锡东部的地下水位上升幅度也较大，水位普遍上升至 -35m 以上；③地下水漏斗集中的锡西和常州东南部，总面积约 1200km²，地下水位上升较慢，约为 -73m。此外需要注意的是，由于受到周边浙江杭-嘉-湖地区地下水开采的影响，在吴江盛泽等地存在埋深 30m 以上的水位降落漏斗。同时，境况并非很乐观，虽然目前苏锡常周边地区的水位基本恢复[39]，但降落漏斗中心地区即常东-锡西地区恢复得很慢。从关键点方面，选择苏锡常区域内典型观测孔（图 2-7）：对于地下水漏斗中心的常州市区和无锡市区观测孔 A、B 禁采后水位回升幅度分别达到 21.5m 和 15m；而处于原地下水降落漏斗的苏州市区（观测孔 C）水位抬升幅度达到 25.8m。值得注意的是，位于区域漏斗边缘的观测孔 D，由于受到周边浙江杭-嘉-湖地区地下水开采的影响，地下水位回升稍慢，只有 10m。

因为地下水主要开采层各异，其中地下水主要开采层为第Ⅰ承压含水层的是张家港，除此之外主的主要是第Ⅱ承压含水层。开采第Ⅲ层的区域主要是太仓、常熟和吴江。

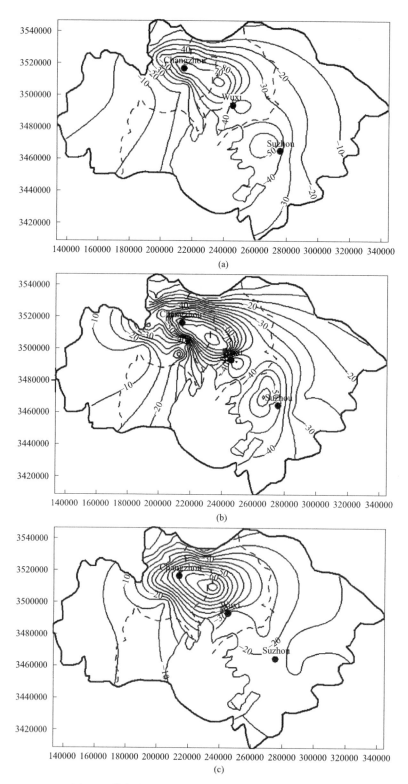

图 2-5 苏锡常地区第Ⅱ承压含水层地下水位等值线

(a) 1994 年；(b) 1998 年；(c) 2007 年[212]

从开采含水层来看，第Ⅱ承压含水层是主要开采含水层（图 2-4），其抽取的地下水占 1980~2000 年期间抽水总量的 61%。以 2000 年为例，第Ⅱ承压含水层共有开采井 2978 眼，占总井数的 70.28%，年开采量 $2.2\times10^8\,\mathrm{m}^3/\mathrm{a}$，占总开采量的 65.42%，主要分布于沪宁线两侧；其次是第Ⅰ承压含水层，年开采量为 $9.4\times10^7\,\mathrm{m}^3/\mathrm{a}$，占总开采量的 27.9%，主要分布在张家港地区；第Ⅲ承压含水层，年开采量 $2.2\times10^7\,\mathrm{m}^3/\mathrm{a}$，占总数的 6.6%，主要分布在常州、常熟、太仓沿江地区[210]。

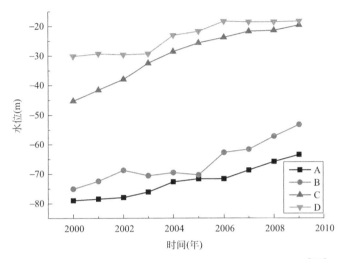

图 2-6　苏锡常地区典型水位监测孔的水位埋深变化曲线[209]

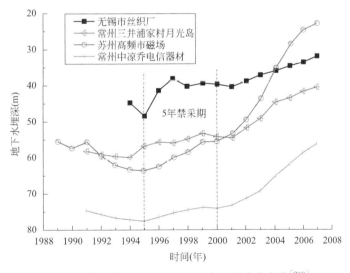

图 2-7　苏锡常地区 1989~2007 年地下水位变化[208]

2. 苏锡常地区地面沉降发展进程

1) 地面沉降进程

地面沉降历程与地下水的开采历程息息相关，20 世纪 80 年代以前，是地面沉降的初期，沉降漏斗主要局限在城区，并形成独立的漏斗区域，1995 年开始限制地下水抽取，但沉降漏斗仍继续扩大并连成一片，至禁采后的 2005 年，地面沉降进入了一个稳定的时期（表 2-2，图 2-5）。

沉降漏斗的出现和发展几乎与地下水开采进程一致。苏锡常地面沉降首次于 20 世纪 50 年代在无锡发现。那时候的沉降率较小，未引起足够重视，1955～1964 年期间的年平均沉降速率约为 7mm/a。随着地下水开采范围和开采量的增加，受地面沉降影响的地区和沉降速率随之增加。

2000 年之前，苏锡常地区地面沉降速率以 10～40mm/a 为主，局部地区高达 80～120mm/a[210]。譬如 1990 年，苏州、无锡和常州的沉降速率分别为 91mm/a、74mm/a 和 109mm/a[212]。1995 年苏锡常地区地下水漏斗区面积已达 5500km^2，3 个中心城市最大累计沉降量分别达到 1.8m、1.4m 和 1.2m，在锡西已测得最大累计沉降量达到了 2.8m[208]。

由于限制和禁止抽取地下水，虽然累计沉降仍在增加，但速率逐渐下降，2000 年时，苏锡常的沉降速率降至 30mm/a、52mm/a 和 20mm/a[213]。且地下水开采引起的地面沉降总体积约占 2000 年时地下水累计开采量的 41.8%～65.8%。

苏锡常地区地面沉降量统计　　　　表 2-2

年份	1975	1985	1995	2005	2015
地下水位下降速率(m/a)	0.8	1.1	1.4	−0.2	−0.3
地面沉降速率(mm/a)	6.7	10.8	13.4	3.6	3.2
最大累计沉降量(mm)	155	268	344	398	423
沉降阶段	沉降初期	沉降发展期		沉降稳定期	

苏锡常地区 5 年（2000～2005 年）已经投资百亿元，用于禁采地下水，效果显著。通过 10 多年的防控，苏锡常地面沉降形势明显好转，全区出现不同程度的减缓特征[214]。地面沉降势头得到了快速有效的遏制，地裂缝活动也相应趋于稳定。

禁采后，苏锡常地区地面沉降形势明显好转，全区出现不同程度的减缓特征。2000～2003 年间，伴随着地下水位由东向西的逐步抬升，苏州至无锡之间的一些沉降漏斗趋于稳定，常州-无锡地区年平均沉降速率从 26mm/a 减小至 16mm/a[210]。地面沉降的发展速率也出现不同程度的减缓，但降落漏斗中心地区即常东-锡西地区恢复得很慢，至 2008 年，大于 5mm/a 的沉降区面积已缩减到 1200km^2。苏州北部沿江地区和中部地区地面沉降出现了明显回弹，土层表现为弹性变形特征。通过苏锡常地区 2008 年的地面沉降速率纵向对比，可以看出，大于 10mm/a 的区域由苏锡常的成片区域变为常州南部、江阴南部、吴江南部，其中苏州和无锡沉降变化最快。至 2008 年，原来以锡西为核心的沉降区平均沉降速率由大于 20mm/a 减小到小于 10mm/a，而常州南部、吴江南部和江阴南部依然大于 20mm/a，为新的控制重点区[209]，其中吴江南部沉降主要由杭嘉湖沉降影响。漏斗沉降中心偏离地下水漏斗中心大致重合，可知地下水抽取是大面积区域沉降的主要原因[206]。上海地区目前的沉降问题中，出现水位下降后的变形滞后的情况，滞后于水位大约 10 年[104]。苏锡常地区年地面沉降分布格局发生了变化，原来区域性的沉降已转化为局部沉降，浅部地层固结压缩正成为主要的沉降源。但在持续稳定的地下水位漏斗中心区仍存在较高的地面沉降速率。

图 2-8 表示 2003～2008 年期间，苏锡常地面沉降区结构性变化。可知 2003～2008 年，苏锡常地区大于 5mm/a 的沉降区面积由 4000km² 缩减到 1200km²，降幅达 70%。地面沉降的面积分布格局也由集中走向分散，一些人口集中、经济发达的中心镇正以地面沉降"孤岛"或"岛链"的形态渐渐显现出来。

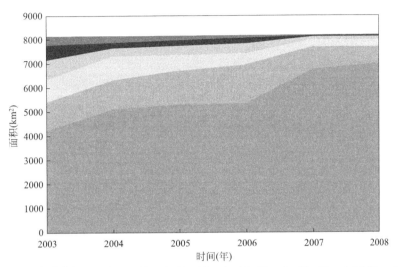

图 2-8　苏锡常地面沉降区结构性变化（2003～2008 年）[209]

由分层沉降图（图 2-9 和图 2-10）可知，第Ⅱ承压含水层组（该层及相邻弱透水层）沉降占比最大，这与第Ⅱ承压含水层为主要地下水开采层相关联。31～94m、94～108m、大于 108m 沉降占 60%、20% 和 10%，意味着第Ⅰ承压含水层和第Ⅱ弱透水层占比超过 80%。

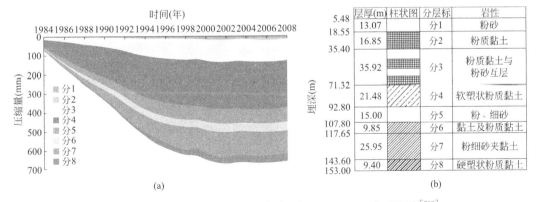

图 2-9　常州市清凉小学附近沉降分层标 1984～2008 年的沉降[208]
（a）压缩量变化；（b）地层分布

2）苏锡常地下水降落漏斗和地面沉降漏斗的相关关系

地下水位下降和沉降往往形成一定的"漏斗"形状，由苏锡常地区地下水位降落漏斗和沉降漏斗分布图（图 2-11）可以看出，苏锡常地区地面沉降与地下水主采层（第

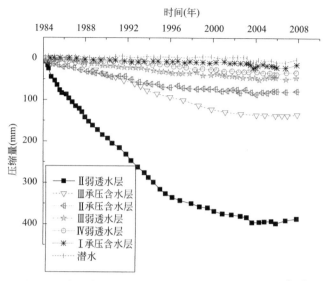

图 2-10 常州市清凉小学附近各土层压缩量历程曲线[212]

Ⅱ承压含水层)的水位关系密切,锡西地区、苏州、无锡、常州市区地面沉降漏斗形态与地下水位降落漏斗分布基本吻合,清楚地反映了地面沉降的发生在时空上与主采层(第Ⅱ承压含水层)地下水开采密切相关。但需要注意的是,受土层岩性、结构特征、厚度大小及空间分布等因素制约,研究区地下水位降落漏斗和沉降漏斗的形态局部存在不一致性。

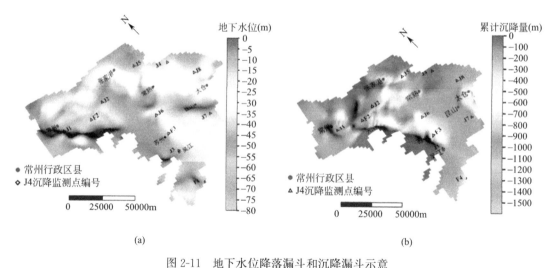

图 2-11 地下水位降落漏斗和沉降漏斗示意

3) 苏州地区地下水位及地面沉降漏斗发展进程

由于本书主要以苏州地区为代表进行研究,该区开采进程与苏锡常地区同步,区内地下水开采在 20 世纪 90 年代达到最大值,1995~2008 年分层承压含水层年开采量进程如图 2-12 所示,可知,苏州承压水总开采量在 1997 年达到最大值约 $2.0 \times 10^8 m^3/a$,特别是 2000 年后,开采量迅速降低,2008 年降低至 $2.0 \times 10^6 m^3/a$,与最高峰相比,仅为最高峰的1%。苏州市区禁采后地下水水位变化如图2-13所示，水位最大回升幅度为28.47m，最小为14.35m，平均为21.38m，说明禁采后大部分市区回升幅度超过21m。

苏锡常地区地下水位与地面沉降存在一定的关系[206,210]（图2-14），同时存在沉降临界水位。根据苏锡常地区的研究成果，常州、无锡地区的临界水位埋深为35～40m，而苏州地区的临界水位则小一些，在25～35m之间。

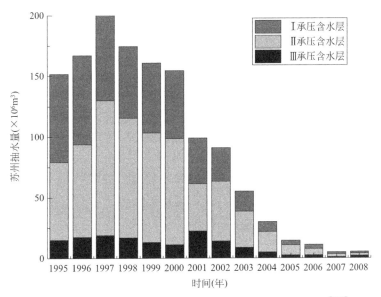

图2-12　苏州地区1995～2008年承压含水层年抽水量历程[206]

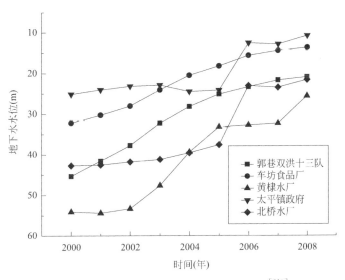

图2-13　苏州市区禁采后地下水水位变化[210]

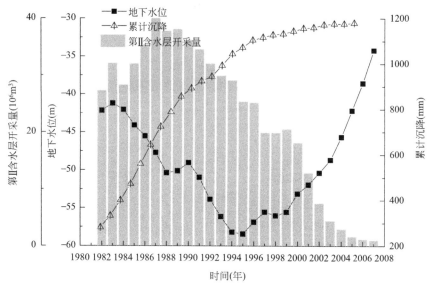

图 2-14 苏州地区 1982~2007 年地下水位、累计沉降和含水层开采量的变化[206]

2.2 地下水位变动模式分析

2.2.1 地下水位变动模式的提出

水位变动模式同样对于土体变形有很大影响，土层的变形量不仅与土层的类型有关，而且与土层的受力情况和应力历史有关[215]。土层中地下水水位的变化形式实际上反映了土层所经历的有效应力的变化过程，这会影响到土层的变形性状，由于土体变形与土体应力历史有关，因此在地层沉降研究中必须考虑地下水位的变化模式。

根据上海 1400 多个水位孔近 40 年的水位变动形式和相应位置处分层标监测的土层变形资料，张云等[66]将上海土层中地下水水位的变动概括为下列五种模式：

模式 1：水位几乎等幅波动，如图 2-15 所示。水位在一定范围内近似波动，其平均值基本保持不变。因为土层受到反复的加卸载作用，有效应力也反复变化，但这种作用比较缓慢，周期一般为一年。它不同于一般振动引起的反复加卸载，振动的变化频率一般较大、周期较短。

模式 2：水位在循环往复中总体上持续下降，并低于该土层在历史上的最低水位，如图 2-16(a) 所示。当水位回升时，土层仅有微量回弹，甚至没有回弹，而是持续增加。

模式 3：水位从较高值变化到较低值后，在较小的范围内波动，其平均值基本保持不变或略有回升，如图 2-17(a) 所示。

模式 4：水位在循环往复中总体上持续下降，但仍高于该土层在历史上曾经达到的最低水位（图 2-18）。20 世纪 90 年代，由于地下水抽取量增加，水位又开始下降，但下降的幅度比 20 世纪 60 年代早期的水位小。

模式 5：水位逐步恢复，总体持续上升，在沉降漏斗区采取禁采和回灌措施以后的水位变动属于此类，如图 2-19 所示。在增加回灌量以及边界水源不断补给的情况下，土层中地下水水位逐步回升。为了让地面不发生沉降甚至有所抬升，就要使回灌地下水以后地下水水位的上升值大于之前抽汲地下水时水位的下降值。

通过以上分析说明，在这五种地下水位变化模式中，模式2的危害最大。

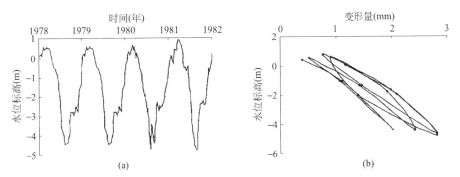

图 2-15　分层标 F010 处第Ⅱ承压含水层的水位变化及其与该含水层变形的关系

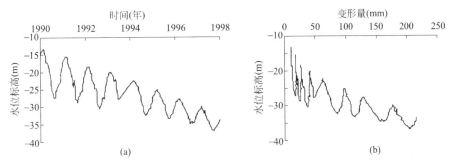

图 2-16　分层标 F003 处第Ⅳ承压含水层的水位变化及其与该含水层变形的关系

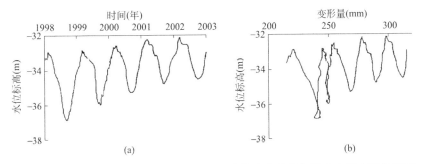

图 2-17　分层标 F003 处第Ⅳ承压含水层的水位变化及其与该含水层变形的关系

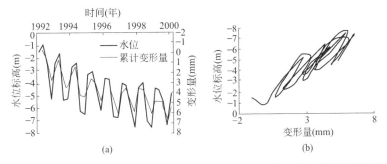

图 2-18　分层标 F004 处第Ⅳ承压含水层的水位变化及其与该含水层变形的关系

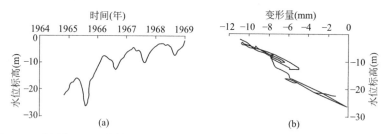

图 2-19 分层标 F004 处第Ⅱ承压含水层的水位变化及其与该含水层变形的关系

胡建平在其博士论文[210]中指出，禁采前后苏锡常地区3种水位变动模式：

模式1：持续下降型以锡西地区为代表，地层由初期的弹性变形过渡到后期的塑性变形为主，由于地下水位埋深较大，禁采后地下水位恢复慢，地面沉降继续发生，但速率逐步变小，沉降滞后效应很长，漏斗中心禁采8年后沉降速率仍大于10mm/a。

模式2：缓慢下降型如昆山和太仓等地区，地下水缓慢下降地区地下水超采程度不严重，地下水位埋深不大于40m。禁采时地下水位恢复很快，禁采后地面沉降速率一般在一两年后就降低到很低的水平，地面沉降滞后时间较短。

模式3：周期性波动型沿江地区为代表，该地区地下水补给条件较好，地下水位相对稳定，但受长江和季节性开采影响，一年四季呈现周期性变化；夏季地下水位下降，冬季地下水位上升。禁采时地下水位恢复最快，甚至有部分地区出现回弹的现象。

对于长三角南部地区而言，张云提出的五种模式更具有一般性，更清晰、准确，并且具有一定的物理意义及解释，所以本书主要基于张云提出的五种模式。

2.2.2 地下水位变动公式

根据学者研究，地下水位产生季节性波动的原因主要有两个：（1）地面降水和地下水补给排泄水源的季节性波动；（2）人类的抽水活动。Li[216] 提出地下水补给造成的水位波动可由正弦函数表示，即：$h_1(t)=\Delta h_m \sin(\omega t)$，根据 Cooper-Jacob[217] 的水位降深公式，抽水含水层在抽水时水位随时间的变化可以简化为：$h_2(t)=C_1\ln(t)+C_2$，王非[37]综合得到：$h(t)=h_1(t)-h_2(t)=\Delta h_m\sin(\omega t)+C_1\ln(t)+C_2$。

根据上面提到的五种水位变动模式[66]，大部分的幅度是近似等比递减的，所以对其进行修正，得到改进公式为：

$$h(t)=\Delta h q^{\mathrm{int}(t)}\sin(\omega t)+C\ln(t)+D \tag{2-1}$$

式中 $t>0$，波动时间通常是1年，则常取 $\omega=2\pi$。通过 Maple 软件得到参数值见表2-3，五种变动模式下水位变动的拟合曲线见图2-20，拟合效果良好。

五种水位变动模式条件下的参数值　　　　表 2-3

模式	Δh	q	C	D	ω
模式1	3.12	1.00	−0.08	−2.18	2π
模式2	7.35	0.89	−6.59	−6.21	2π
模式3	1.74	0.88	1.76	−38.62	2π
模式4	1.87	0.95	−2.06	1.68	2π
模式5	5.00	0.9	8.48	−33.57	2π

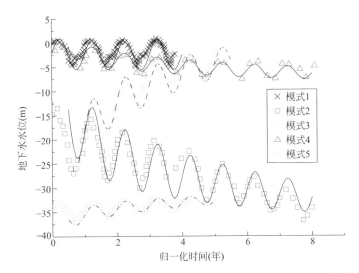

图 2-20　五种水位变动模式条件下地下水位降深随时间变化的拟合曲线
（起始时间作为 0 年）

2.2.3　含水层变形模式

与水位变动模式对应的含水层变形如图 2-15～图 2-19 中的图（b）所示，可知：

模式 1：从图 2-15(b) 中可以看出，土层在缓慢的循环荷载作用下，随着循环次数增加，增加的变形量和残余变形逐渐减小，土体的加载压缩和卸载再回弹量逐步接近，土层的变形表现为弹性的特点。超过 3 次循环后的加卸载曲线非常接近，呈现出良好的弹性特征（变形的正值表示压缩，负值表示回弹，下同）。

模式 2：含水层变形如图 2-16(b) 所示，变形模式与水位变动模式近似。由于水位下降幅度较大，每次循环中增加的应力都大于卸载减小的应力，总体上土层所受的有效应力持续增加，土体基本处于压缩状态。说明在这样的水位模式条件下，土层不仅存在残余变形，而且存在随时间而发展的蠕变变形。土体的变形具有显著的黏弹塑性性质，变形量大。

模式 3：由于土体具有蠕变性，其变形仍在增加，如图 2-17(b) 所示，变形模式与水位变动模式近似，这时土体所承受的有效应力也基本保持不变。蠕变的存在以及孔压消散的时效性使土体变形往往滞后于有效应力的变化，也就是滞后于地下水水位的变化。当然，在这样的水位变化模式下，随时间的增长，变形的速率将逐步减小并趋于稳定。

模式 4：图 2-18(b) 表明，土层所受到的有效应力低于其历史上曾经达到的最大有效应力，土层相当于处于再压缩状态。这时，土层的变形与水位变化几乎同步，蠕变变形很小，可忽略不计。在每年的水位循环变化中有明显的残余变形，仍呈现出一定的塑性，但比模式 2 的变形小得多。土层变形随着时间的变化如图 2-18(a) 所示，与水位变动模式近似相符。

模式 5：如图 2-19(b) 所示，因为水位大幅度上升，土层处于回弹状态，变形接近于弹性，其变形与水位关系也接近于线性。由于土体的回弹模量比压缩模量小得多，所以尽管水位的变化达到 24.54m，厚度为 64.62m 的土层回弹变形量只有 11mm。为了满足地面不发生沉降甚至有所抬升的要求，就要使回灌地下水以后地下水水位的上升值大于之前抽汲地下水时水位的下降值。

同时需要指出的是，地下水水位变动模式和含水层变形模式是基于某个典型监测点的水位和变形的模式，尚未得知是否可以代表多大范围区域的模式，几米至数千米的范围内均有可能。

2.3 本章小结

本章调研了长三角南部地区的地下水漏斗和沉降漏斗发展演化规律与空间展布情况，总结了苏州地区工程性降水诱发的地面沉降和水位变化发展规律，并将概括出的五种水位变动模式公式化。结论如下：

（1）地面沉降与地下水抽取紧密相关，具体表现为地面沉降漏斗形态与地下水位降落漏斗分布基本吻合。

（2）典型地下水水位变动模式可以分为五种：水位等幅变动、持续波动下降并低于历史最低水位、小范围波动上升、小范围波动下降但高于历史最低水位和持续波动上升，可以采用正弦函数、等比函数和对数函数对五种典型的水位变动数据进行表述，并给出变幅、公比和周期等关键参数。

（3）与地下水位变动模式对应的含水层变形模式也分为五种，总体而言，含水层变形模式与地下水位变动模式的形态近似，但由于土体接近弹性变形，模式1和模式5的土体变形例外，它们的含水层与水位的关系接近线性。

第3章 水位变动条件下地铁隧道结构响应规律的模型试验研究

地下水抽取会导致土层沉降,其中对地面沉降问题的研究较为广泛[1,2,35-44],而对处于土体中的地铁隧道受力变形问题研究较少。实际上,地下水水位变动是造成土体变形进而影响隧道受力变形的主要诱因之一,土层会随地下水水位周期性变动发生压缩或回弹。尽管国内外学者已经开始注意到地下水对地铁隧道的影响,但主要停留在描述原因的程度上,尚未进行深入系统的研究,因此对典型水位变动模式下的地铁隧道的变形受力具有重要的实际意义。本章采用模型试验的手段,对五种典型地下水位变动模式下的线性地铁隧道受力变形规律进行研究。

3.1 地下水位变动对线性地铁隧道影响的模型试验研究

地下工程是介质、受力条件和边界条件都很复杂的力学作用体,如果考虑地下水,将使分析更加复杂。数百年来,常规的数学力学方法只能为简单形状的地下工程(例如圆形或椭圆形等巷道)提供围岩位移场与应力场的理论解,许多分析性的预见大多来自数值模拟与现场实测综合研究的成果。近几十年来,虽然有限元、有限差分、边界元和离散元等数值分析方法与计算机的结合为地下工程的计算与分析提供了很好的工具,但模型试验作为室内试验的一种,直观性与实际性的优点使其至少有如下两个方面的作用:(1)研究许多目前用数学分析法尚不易解决的问题,诸如桩-土相互作用、隧道与周围土体的相互作用机理;(2)使用模型试验验证数值分析方法的正确性,然后用一系列不同的参数进行数值分析再验证,这种互为验证的方法,既保证了模型试验的直观性优点,又可以充分发挥数学模型快速、高效的计算功能,减少模型试验的工作量[218]。在地下水与盾构隧道相互影响的过程中,不可避免地会产生因地下水水位上升和下降影响既有隧道变形和受力,以及地铁隧道对地下水的阻挡作用的情况,因此本章将通过相似模型试验的研究,探讨地下水位变动时既有隧道的位移和内力的变化规律及地铁隧道对地下水的阻挡作用规律。模型试验以相似原理为理论基础,是一种形象直观、发展较早、应用广泛的研究岩土介质、工程结构物理力学特性的方法。其特点是不但可以模拟各种相对复杂的边界条件,还能较全面而又形象地呈现工程结构与相关岩土体共同作用下的应力和变形机制、破坏机理、形态及失稳阶段的全貌。因此,模型试验方法可作为一种研究解决大型复杂岩土与结构工程课题的重要手段[219]。

用模型试验模拟水位变动对地铁隧道的变形较为困难,由于试验条件的限制,本章用模型试验箱底板升降模拟水位变动产生的含水层顶板变形,以此来模拟局部含水层变形对模型隧道受力变形的影响,本模型试验的相似比为1∶100。

3.1.1 相似原理

1. 相似原理介绍

在结构模型试验中,唯有模型和原型保持一致,方能由模型试验的数据和结构推算出原有结构的数据和结果[220]。其理论依据如下[221-225]:

1)相似

常说的"相似"有三种:相似,或相同类似;差似,或称变态相似;拟似,或称异类相似。岩土模型试验中主要讨论的是第一种,即两种系统:原型和模型;如果这两系统相对应的各点以及各个时间点上的物理量成相同的或近似的比例,则称为两者相似。

2)几何相似比

相似系统中,模型与原型的各相同物理量之比称为相似比(或称为相似常数、比例尺、比尺、模型比、相似系数)。

3)物理量的相似比

物理量的相似比几何相似概念更广,但是后者是前者的前提。与结构性能有关的一些主要物理量的相似有:

(1)荷载相似,即模型与原型在相对应点处所受的荷载方向一致,大小成比例。若考虑结构的自重时,自重的重量分布也应相似。

(2)刚度相似,模型与原型各对应点处,材料的拉、压弹性模量和剪切模量等模量成正比。

(3)质量相似,在模型试验中,要求结构的质量分布,即对应点集中质量成正比。

(4)时间相似,在模型试验中,物理量除了要在对应点相似外,还要在对应的时刻相似。这里,对应时刻并不一定是相同时刻,但是要求的时间成同一比例。

4)物理过程的相似

物理过程的相似,就是要求物理过程的各物理量在对应的点和对应的时刻成比例。

5)相似定理

在相似理论中有三个相似定理而且是相似理论的重要内容[220]。相似第一定理,又称相似正定理,指彼此相似的现象必具有数值相同的同名相似准数;相似第二定理,又称π定理,指凡同一种类现象,如果定解条件相似,同时由定解条件的物理量所组成的相似准数在数值上相等,那么这些现象必相似;相似第三定理,又称相似逆定理,指描述某现象的各种量之间的关系式可以表示成相似准数方程之间的函数关系,这种关系式称为准数方程。在模型试验过程中,只有按照此三定理去进行试验方案、模型设计、组织实施以及相应地换算到原型上去,才能符合客观实际的结果。相似第一定理和相似第二定理是判别相似现象的重要法则,这两个定律确定了相似现象的基本性质。但它们都是在假定现象相似的基础上导出的,未给出相似现象的充分条件,所以还不是判别全部相似的充分必要条件,而增加相似第三定理则组成了相似现象的充分必要条件[226,227]。

2. 相似系数

利用分析方程法求得的模型物理量与原型物理量的相应关系如下[220]:

$$\left.\begin{array}{l}\sigma_m = \sigma_p \\ F_m = C_l^{-2} F_p \\ M_m = C_l^{-3} M_p \\ f_m = C_l^{-2} C_E f_p\end{array}\right\} \quad (3\text{-}1)$$

(注：下标 p 指原型相似系数，下标 m 为模型相似系数)

如果令模型中的应力与原型中的应力相等，且令模型材料与原型材料相同，即假设 $r_m = r_p$；$E_m = E_p$（注：r_m 为模型密度相似系数；r_p 为原型密度相似系数；E_m 为模型密度相似系数；E_p 为原型密度相似系数），则可以得到：

$$\left.\begin{array}{l}r_m = r_p \\ E_m = E_p \\ \sigma_m = C_l^{-1} \sigma_p \\ M_m = C_l^{-4} M_p \\ f_m = C_l^{-2} C_g f_p\end{array}\right\} \quad (3\text{-}2)$$

例如模型与原型几何尺寸比为 1：3 时，物理量的取值结果如表 3-1 所示。

原型与模型物理量的对比关系　　　表 3-1

	跨度	面积	惯性矩	截面模量	应力	集中力	弯矩	挠度	重度
原型	L	A	I	W	σ	F	M	f	γ
模型	$L/3$	$A/9$	$I/81$	$W/27$	$\sigma/3$	$F/3$	$M/81$	f	γ

这是理论分析的结果，但由实际分析可知，模型的应力和挠度将比原型的小很多，会给量测带来困难。对于小尺寸模型试验而言，若制作模型的材料和原型相同，就必须提高模型制作的精度和量测精度。

3.1.2 模型材料

1. 相似比

正确选择模型试验相似比和合理的模型材料是模型试验的关键点，如果相似比存在一定问题，可能使得通过隧道模型反演的原型隧道应力和弯矩等方面产生误差，而不能合理地模拟实际情况。

静力条件下，隧道结构受力关系表示为：

$$\sigma = f(F, \rho, g, \nu, E, l, c, \varphi) \quad (3\text{-}3)$$

式中　σ——应力（Pa）；

F——力（N）；

ρ——密度（kg/m³）；

g——重力加速度（m/s²）；

ν——泊松比；

E——弹性模量（Pa）；

l——长度（m）；

c——黏聚力（Pa）；

φ——内摩擦角（°）。

根据相似第二定理（π 定理）及量纲分析法，取定密度 ρ、弹性模量 E、长度 l 为基本量纲，得到相似判据。

原型与模型物理量的对比关系见表 3-2，本模型试验的相似比 1：100。

原型与模型物理量的对比关系（相似比 1：100） 表 3-2

	弹性模量 E（GPa）	直径 D（m）	抗弯刚度 EI（kN·m²）	密度 ρ（g/cm³）	泊松比 ν	备注
原型等效	35.5	5.85	6.68×10^7	2.4	0.167	C50 钢筋混凝土
模型材料	2.86	0.06	0.73	1.18	0.30	有机玻璃
对应原型	2.86	6	7.3×10^7	1.18	0.30	

2. 结构模型材料

1）脂橡胶、聚氯乙烯、聚乙烯

日本某沉管隧道，使用了硅树脂橡胶来模拟隧道结构。东京湾高速公路隧道的模型试验，则采用了聚氯乙烯管作为管片材料[228]。国内，也有学者采用光弹性材料——环氧树脂来制作盾构隧道管片[229]。同济大学的黄宏伟教授课题组，在研究盾构隧道纵向性能时，采用了聚乙烯（PE管）来模拟隧道结构，采用螺栓＋薄塑料片（PE片）模拟环向及纵向接头[154,171]。西南交通大学的何川团队，采用外径为 124mm、内径为 111mm[230,231] 或外径为 150mm、内径为 135mm（刚度折减系数 0.010）[232] 的天然橡胶进行隧道模拟。

2）混凝土管片、水泥砂浆

上海长江隧道[233]（相似比 1：1）、上海轨道交通杨浦线[234]、西安地铁 2 号线[219,235]（相似比 1：5）等盾构隧道的模型试验中均采用了混凝土管片。水泥砂浆的管片往往需要配以钢丝网（直径可为 0.5mm，钢丝编织的网孔可为 2.0mm×2.0mm 的钢丝网[236]）。该种模型试验，特别是混凝土管片，一般均为相似比较大的试验，用于大型项目的研究中，模型相似性及边界条件均较好地满足实际状况，试验结果可信度较高，但模型的成本也相对较高，主要用于研究本身管片的性能。

3）石膏管

这种材料主要由西南交通大学的何川团队在研究工作中使用。模拟的管片，多采用一定水膏比的特种石膏材料，通过预制方法进行加工，主筋则采用一定直径的铁质材料（南京长江隧道采用的直径为 1.2mm），通过原型与模型等效抗弯刚度的方法模拟[237,238]。该模型与原型具有较好的相似性和经济性，且有诸多大型隧道的成功试验。但该方法对于制作过程和制作环境要求较高，且目前是整环浇注。采用刻槽方法模拟环向接头，这种接头的力学行为尚难准确模拟。

4）特制管

该材料主要由西南交通大学开发使用。通过将定制的聚氨酯板和 PVC 软板卷成圆筒，模拟隧道结构，并在聚氨酯板中沿隧道纵向放入环向钢丝以提高环向刚度[239]。该模型可以通过调整环向钢丝的间距来调整刚度，与实际结构具有较好的相似性；但依然可以改进，如将平板卷成的圆筒结构优化为直接浇注成圆筒结构[240]。

3. 结构模型材料的抗弯刚度

当发生周围土体沉降时,隧道的变形往往以弯曲为主,纵向抗弯刚度是它受力变形性能的最重要参数之一。本模型试验中的模型隧道选用内径57mm、外径62mm的均质有机玻璃圆筒模拟,与西南交大何川团队所用天然橡胶类似,但更方便和廉价。在本次模型试验中,抗弯刚度约为$0.73\text{kN}\cdot\text{m}^2$。

模型隧道的抗弯刚度采用简支梁法(图3-1),根据弯曲梁的挠曲线近似微分方程:

$$y=\frac{Fb(3l^2-4b^2)}{48EI} \tag{3-4}$$

式中 l——梁长度;

b——距右侧端点的距离;

F——荷载;

EI——抗弯刚度。

求得,$EI=\dfrac{Fb(3l^2-4b^2)}{48y}=\dfrac{2.55\times10\times1\times(3\times1.7^2-4\times1^2)}{48\times3.4\times10^{-3}}=729.688\text{N}\cdot\text{m}^2$

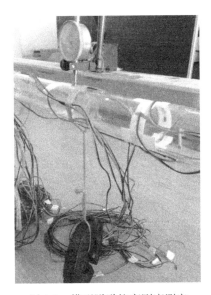

图3-1 模型隧道抗弯刚度测定

4. 试验材料

在研究隧道与土体相互作用时,通常需要模型土。用单一的天然材料往往适应面有限,经常无法满足相似条件或研究目的。如果相似材料采用的是混合物,那么这种混合物由两种材料组成:一类是作为胶结材料,另一类是作为骨架物质的惰性材料。这两种材料通常选用:(1) 骨料:砂、黏土、软木屑、铁粉、铅丹、松香、酒精、云母粉、重晶石粉、铅粉、硅藻土和聚苯乙烯颗粒[240]等;(2) 胶结材料:水玻璃、石膏、水泥、石灰、碳酸钙、石蜡、树脂等。胶结材料和骨料选好后,很显然这种混合物的特定配比需要经过大量的配比试验才能确定。此外,在混合料中掺入少量添加剂,可以改善模型材料的某些性能。如在以石膏为胶结材料的相似材料中加入砂土,可提高模型材料的强度和弹性模量;添加橡皮泥,可以提高模型材料的变形性;加入钡粉,可以增加相似材料的重度等;

添加无黏性高重度的四氧化三铁粉,可以提高模型材料的重度,同时减少压缩模量及黏聚力[236]。

进行相似模型研究,相似材料必须满足如下要求:(1)模型的主要力学性质应与模拟的原型结构相似;(2)材料的力学性能稳定,不受外界的影响;(3)容易成型,方便制作;(4)材料来源广,成本低廉。因此,根据粒径累计分布曲线(图3-2,通过三组筛分试验)及基本参数,本章模型试验所用砂主要采用取自南京地区的长江砂。依据土的工程分类标准[241],试验所用砂为不良级配的中砂。

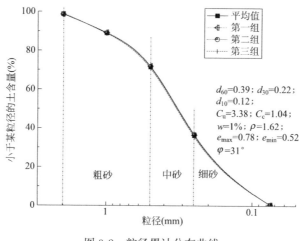

图3-2 粒径累计分布曲线

5. 沉降板制作

为了避免沉降板的自重影响模型试验沉降观测的精度,此次模型试验中沉降板采用 $\phi 6mm$ 的光滑不锈钢管材料制成。沉降板两端为长、宽各50mm,厚5mm的正方形有机板。总共布置13个沉降板,如图3-3所示,沉降板组成如图3-4所示。

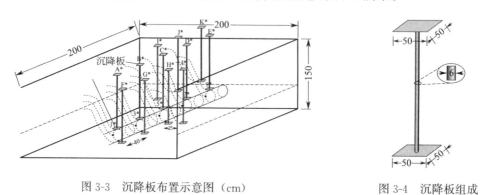

图3-3 沉降板布置示意图(cm)　　图3-4 沉降板组成

沉降的测量采用机械百分表,型号为苏制02000212,量程:0~30mm,精度:0.01mm。

6. 应变片及采集仪

本试验数据采集器采用江苏泰斯特电子设备制造有限公司生产的TST3826F-L静态应变测试分析仪(图3-5),设置0.2s的步长记录应力应变数据。隧道分为9环,应变片沿着模型隧道的纵向和环向布置,如图3-6所示。

图 3-5　静态应变测试分析仪

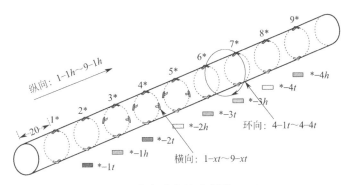

图 3-6　应变片布置示意图（cm）

7. 模型箱

模型箱箱体采用铸铁制成，尺寸为 2.0m（长）×2.0m（宽）×1.5m（高），实物见图 3-7。为便于观察，模型箱的一个侧面用有机玻璃制成，作为试验过程中的观察窗。模型箱的底板由 8 块可以滑动的铁板制成，底板的长×宽×高为 2m×0.25m×0.1m，每块板的高度可以通过与之连接的旋转轮进行调节。在试验过程中，通过调节模型箱底板各分块之间的高度，使底板符合水位变动曲线，以此来模拟隧道下伏临近土层（即土体一维固结计算土层的上部）的沉降曲线，模型箱原理如图 3-8 所示[242,243]。

图 3-7　大模型箱实物

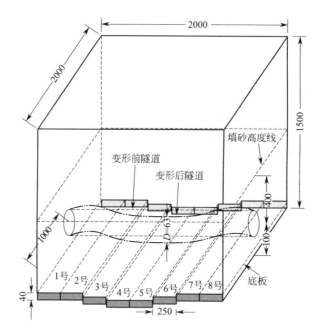

图 3-8　模型试验原理（根据文献［244，245］修改）

3.2　模型试验方案及过程

3.2.1　试验方案

地下水位变动的重要影响和体现是含水层或顶板的变形，五种典型水位变动模式（见 2.2.3 节），模式 1、4 和 5 呈现弹性的变形模式，而模式 2 和 3 的变形模式虽然呈现弹塑性，但由于与水位变动模式近似，在试验室条件下也可以简化为含水层顶板的变动，本模型试验用模型箱底部底板的变动（基本模式是上升和下降）模拟含水层顶板的位移。通过控制模型箱底板各分块之间不同高度的调节，使不同底板升降组合成不同土体沉降（或隆起）变动曲线，以实现对地下水水位变动诱发土体不同沉降模式曲线进行近似模拟。如图 3-9、图 3-10 所示，本次模型试验分为两种工况，底板沉降工况 S 和隆起工况 L，均指的是 4 号和 5 号底板的调整值，调整区间均在 $-10\sim10\mathrm{mm}$。

3.2.2　试验过程

试验过程如图 3-10 所示，首先，粘贴应变片及测定模型隧道的刚度（图 3-10a）；其次，用法兰盘将隧道两端固定于模型箱两侧（图 3-10b），预设管道安置角为 0，通过试验得到整个模型箱内砂土的参数；再次分层填筑砂土（图 3-10c）；最后，连接采集仪，加装百分表完成数据采集的准备工作（图 3-10d）。完成后静置 24h，然后进行试验，使砂土在重力作用下进一步密实；每个 Step 的时间间隔为 1h。

第3章 水位变动条件下地铁隧道结构响应规律的模型试验研究

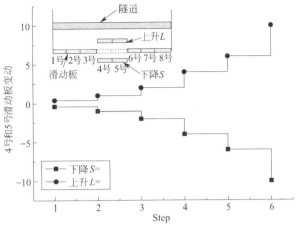

图 3-9 试验方案

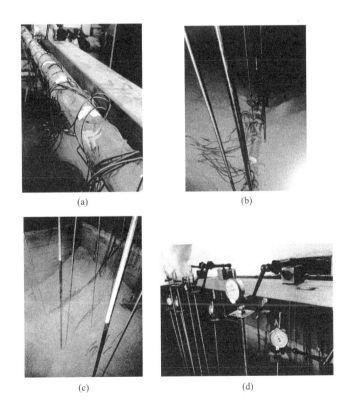

图 3-10 模型试验过程

3.3 模型试验结果分析

计算结果主要包括沿着模型隧道纵向、径向和切向的受力变形性状，下面提到的纵向指沿着隧道的轴向（如图 3-6 中的 1-1h～9-1h），横向为若干横截面对比，如图 3-6 中的 1-1t～9-1t，而切向指同一横截面对比，如图 3-6 中的 4-1t～4-4t。首先研究隧道纵向、横向和切向的变形及相互关系，最后研究弯矩及其与变形的关系。

3.3.1 纵向变形与纵向应变

1）纵向变形

图 3-11 和图 3-12 为百分表监测得到的模型隧道变形分布曲线（其中，处于 y 轴正半轴范围内的变形值为隆起 L，反之为沉降 S）。由图可知，虽然土层底部下降 S_0 或上升 L_0 不一定满足修正高斯曲线，但模型隧道的变形基本满足修正高斯曲线。随着 S_0 或 L_0 的增加，模型隧道的沉降 S 或隆起 L 逐渐增大，但增速趋缓；相同条件下，中心点的最大沉降量 S_{max}/隆起量 L_{max} 为 2～5，与回弹模量 E_r/弹性模量 E 接近，并随着底板变形的增大而减小；其主要原因是土体的弹性模量小于其回弹模量。底板后一步与前一步变形之比分别为 2、2、1.5 和 1.67，随着模型箱底板的下降，隧道顶部最大沉降之比分别为 1.7、1.5、1.2 和 1.3。工况 S 和工况 L 造成模型隧道顶部变形的最大值分别为 2.67mm 和 1.45mm，前者是后者的 1.84 倍。

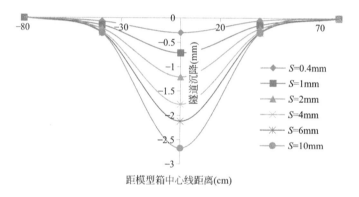

图 3-11　工况 S 的隧道变形

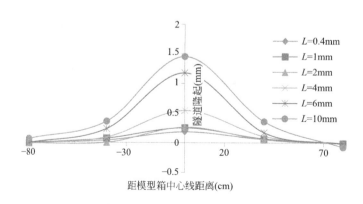

图 3-12　工况 L 的隧道纵向变形

2)最大纵向变形百分比

单纯比较每种工况的最大沉降意义不大,因为每种工况的土层底部变形不同,为了消除土层底部变形的影响,本书定义最大变形百分比。地表,隧道顶部、底部土体和土层底部的最大变形分别记为 s_{t1}、s_{t2}、s_{t3} 和 s_{tt},然后定义它们之间的比例,前三者与土层底部的最大变形称为"地表最大变形百分比"[$\xi_{1t}=(s_{t1}/s_{tt})\times 100\%$]、"隧道顶部最大变形百分比"[$\xi_{2t}=(s_{t2}/s_{tt})\times 100\%$] 和"隧道底部土体最大变形百分比"[$\xi_{3t}=(s_{t3}/s_{tt})\times 100\%$];用类似的方法同时定义前三者相互之间的百分比分别为 ξ_{12}、ξ_{13} 和 ξ_{23},它们从另一个侧面表征了土体变形对于模型隧道及其上覆土体的影响。

计算结果如图 3-13 所示,由图 3-13(a) 可以看出,上升阶段地面最大变形百分比变化最快,其余有波动,但是变化幅度不大,基本在 16% 左右。由图 3-13(c) 可以看出,下降阶段隧道顶部最大变形百分比最敏感,变化最快,其余基本保持稳定,地表最大变形百分比基本稳定在 75%,隧道底部土体最大变形百分比基本稳定在 89%;并且随着土层底部变动值的增加,最大沉降增速变缓。比较图 3-13(a) 和 (c) 可知,当土层底部升降值相等时,模型隧道的沉降值均大于隆起值,且下降阶段趋势一致,上升阶段变化趋势有波动;同时可以推断,当土层底部下降时,地表变形大于隧道沉降,而当土层底部上升时,则基本上相反。比较图 3-13(b) 和 (d) 可知,无论升降,地表与隧道顶部最大变形百分比随着土层底部变形的增大而快速升高,而 ξ_{23} 则相反;ξ_{13} 随着土层底部升高幅度增大而较大幅度提升,随着土层底部下降幅度增大而小幅下降,基本保持在 85% 左右,这是由于下降阶段,s_{t1} 和 s_{t3} 受隧道的影响较小。综合而言,模型隧道顶部、地表和底部土体的变形受隧道的影响逐渐减小。

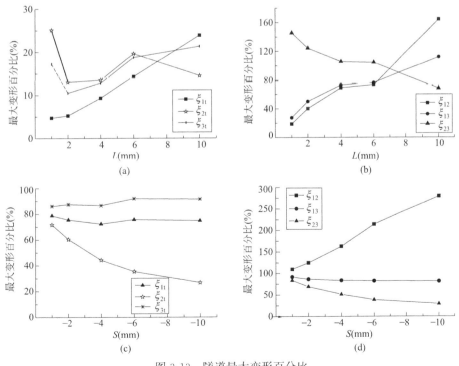

图 3-13 隧道最大变形百分比

3）变形/埋深与土层底部变形 S 或 L 的关系

Arockiasamy 等[246, 247]用管顶径向挠度证明施工引起的挠度占交通荷载的 25%；尤佺等[246, 247]得到管顶径向挠度与填土高度呈线性关系。

通过设置竖向百分表，可以测得隧道顶部和底部的竖向变形 y_t（mm）和 y_b（mm），按下式定义并计算隧道顶部和底部的变形/埋深 r_{yt} 与 r_{yb}。

$$r_{yt}=y_t/S_{yt} \quad (3\text{-}5)$$

$$r_{yb}=y_b/S_{yb} \quad (3\text{-}6)$$

式中 S_{yt}（mm）、S_{yb}（mm）——隧道顶部和底部的填土高度。

计算结果（图 3-14）表明，变形埋深比与土层底部变形 S 或 L 均存在良好的线性关系，线性拟合的决定系数 R^2 的范围为 $0.90 \sim 0.999$。图中，公式可用于计算含水层水位变动引起临近隧道的竖向变形，进而评估隧道的力学状态；与隧道底部土体的相关性更好（决定系数 R^2 的范围为 $0.96 \sim 0.999$），这是因为隧道底部更接近沉降板，且没有隧道造成的"土拱效应"。

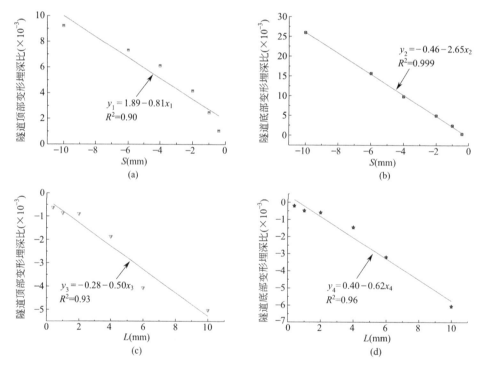

图 3-14 隧道变形埋深比与土层底部变形的关系

4）最大纵向应变与竖向变形的关系

由应变片测得最大纵向应变的绝对值与拱顶竖向变形的关系（图 3-15）可知，它们之间基本上符合线性关系，经过线性回归分析，可以得到其线性拟合的决定系数 R^2 的范围为 $0.79 \sim 0.87$；说明从纵向应变的角度来看，模型隧道的变形更接近弹性。我们不但可以根据图 3-15 中的公式，预测试验过程中的最大纵向应变，还可以反过来通过最大纵向应变推算变形。拱底的相关性较好,是因为离变动的位置较近。

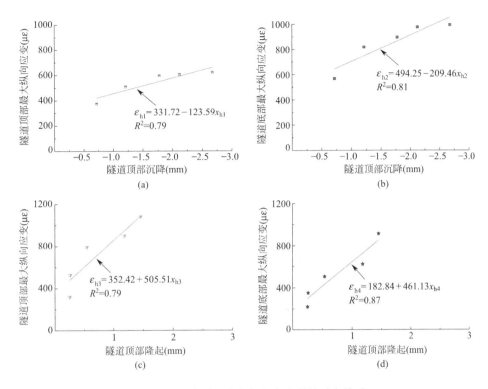

图 3-15　最大纵向应变与竖向变形的对应关系

3.3.2　切向应变及其与竖向变形的关系

1）切向应变

在设计阶段,使用切向应变可以简单地评估地下水对隧道的影响[248]。模型隧道的切向应力应变是描述隧道横向变形的重要指标,基于 MATLAB 的第 3～5 环的切向应变（3-1t～5-4t）雷达图（雷达图的绘制方法是:先画若干个同心圆,一个雷达图代表一个横截面,把圆分为 4 个区域,每个区域为 90°;同时,为了方便描述,0°、90°、180°和 270°分别表示某截面的右拱侧、拱顶、左拱侧和拱底位置,角度沿逆时针方向。同心圆中最小和最大圆分别代表应变或弯矩最大值和反向最大值;中心圆代表其值为零的线,称为标准线,即为隧道初始状态）,如图 3-16～图 3-21（其中圆心和最大圆的值均为最大,但符号相反,例如图 3-16 的 150 和 −150）所示。从图中可以看出:

（1）切向应变基本满足左右对称,初始切向应变基本为零,最大应变通常出现在拱顶或拱底,且左右拱侧的值基本相当,说明隧道的变形主要是弯曲变形。

（2）沉降和隆起引起的最大切向应变在第 5 环的拱侧和拱顶,其值为 $422.17\mu\varepsilon$ 和 $-688.72\mu\varepsilon$,前者是后者的 67% 左右。隆起产生第 3～5 环应变是沉降相同位置应变的 12 倍、4.4 倍和 1.6 倍,说明隆起产生的切向应变较大,且距离越远差值越大,可能是因为隆起过程中竖向变形较小,切向应力应变则变得较大。

（3）底板后一步与前一步变形之比分别为 2、2、1.5 和 1.67，底板下降产生隧道最大切向应变之比分别为 1.6、1.6、1.1 和 1.0，底板上升产生的比值分别为 1.7、1.7、1.3 和 1.2；说明切向变形与底板变形是不成比例的，因此试验和实际应用中，建议作为主要参考指标。而横向应变（限于篇幅，未作图示）的对称性、趋势性和稳定性均不及纵向应变和切向应变，可能与应变片的粘贴位置和方向有关。试验和实际应用中，建议作为次要参考指标。

（4）比较图 3-16～图 3-18 可知，底板下降，第 4 环和第 5 环的变形为拱侧拉伸，拱顶和拱底压缩，拉伸和压缩的值相当；而第 3 环则不同，以拱顶和拱底的变形为主；底板上升（图 3-19～图 3-21）则相反，第 4 环和第 5 环以拱顶和拱底的变形为主，而第 3 环的变形为拱侧拉伸，拱顶和拱底压缩，拉伸和压缩的值相当。这说明了隆起和沉降产生的隧道变形方式不同。由于这里的第 3 环基本对应于下文反弯点的 −64m 处，两者相互印证，共同揭示了反弯点的存在和位置。

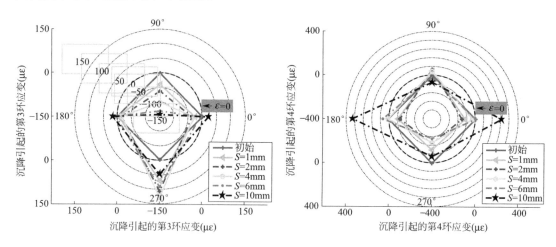

图 3-16　工况 S 引起的第 3 环切向应变雷达图　　图 3-17　工况 S 引起的第 4 环切向应变雷达图

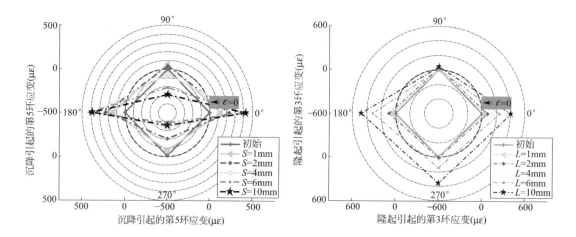

图 3-18　工况 S 引起的第 5 环切向应变雷达图　　图 3-19　工况 L 引起的第 3 环切向应变雷达图

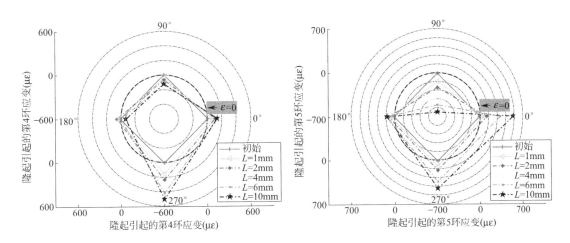

图 3-20 工况 L 引起的第 4 环切向应变雷达图   图 3-21 工况 L 引起的第 5 环切向应变雷达图

2) 切向应变与竖向变形的关系

文献[246,247]认为,管顶径向挠度与最大切向应变也呈线性关系,所以可能最大竖向变形与切向、横向和纵向应变均有关系,首先探讨竖向变形与切向应变的关系。之所以选取最大竖向变形而未使用径向挠度,是因为尝试建立直接关系,以便应用于实际。

试验过程中,第 3 环和第 5 环产生的最大切向应变与该环拱顶竖向变形的关系如图 3-22 所示。可以看出,同一环相似条件下的最大切向应变与该环的拱顶竖向变形近乎

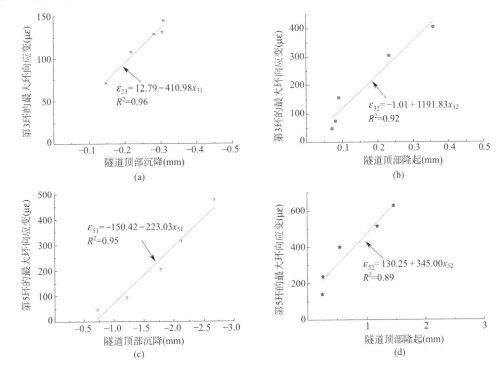

图 3-22 切向应变与竖向变形的关系

线性分布，经过一元线性回归分析，决定系数 R^2 的范围为 0.89~0.98。

由于拱顶变形较容易测量，在允许直接测量的条件下，可直接根据图 3-22 中的公式，通过检测拱顶变形预测试验过程中的最大切向应变值。实际工程中，可以通过试验得到类似公式，进行推测切向应变。

3.3.3 纵向弯矩及其与竖向变形的关系

1) 纵向弯矩

纵向弯矩是模型隧道纵向形态的重要指标，由弯矩图（图 3-23）可以得出如下结论：

（1）即使底板变动并非满足修正高斯曲线，但模型隧道的变形和弯矩基本满足修正高斯曲线，这一点与横截面上变形得到的结论类似。所不同的是，纵向弯矩在±40cm 左右减小到零，在±60cm 左右达到反向的最大值。这是因为隧道的两侧被固定，所以中间部分变形时，会在靠近端点的部分产生反向应变和弯矩；而纵向变形由于安装条件加上灵敏度不及应变片，所以反向曲线表现不太明显，但在图 3-12 中是可以体现出来的。

（2）随着沉降板变形的增大，隧道拱顶和拱底的弯矩逐渐增大，但增大幅度有所放缓，尤其是拱顶；底板后一步与前一步变形之比分别为 2、2、1.5 和 1.67，而隧道最大弯矩之比分别为 2.1、1.5、1.2 和 1.1。这是因为隧道本身刚度较大，对于周围土体变形有一定的抵抗作用，同时也因为管土相互作用以及相互分离。

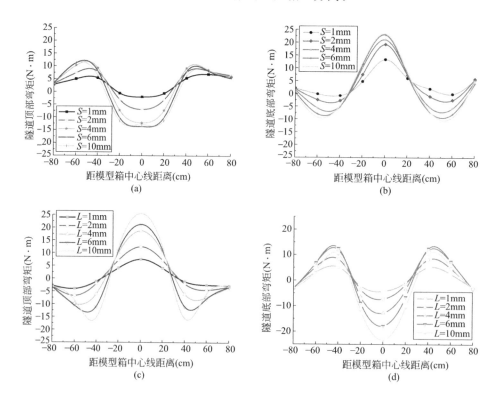

图 3-23 隧道纵向弯矩图

(3) 弯矩基本上左右对称，但底板下降产生弯矩的对称性优于上升，主要是底板上升时需要隧道底部土体上升，然后传递给隧道；这就在客观上增加了不均匀性，而底板下降时，隧道上部土体的受力由于重力作用，相对较为均匀。

(4) 隧道下降时，底部弯矩大于顶部，而上升时则相反，这是因为变动方向不同。为了描述方便，隧道下降时的底部和上升时的底部记为主动侧，而另外一侧为被动侧。主动侧的弯矩分布（图 3-23b 和 c）往往相对较"尖"，而被动侧（图 3-23a 和 d）相对"圆"和平滑一些，也是上述原因。

2) 最大弯矩与竖向变形的关系

由图 3-23 提取的隧道最大纵向弯矩与竖向变形的关系（图 3-24）可知，两者几乎符合线性分布，并且线性拟合的决定系数 R^2 的范围为 0.77~0.93；说明拱底的相关性较好是因为离变动的位置较近。

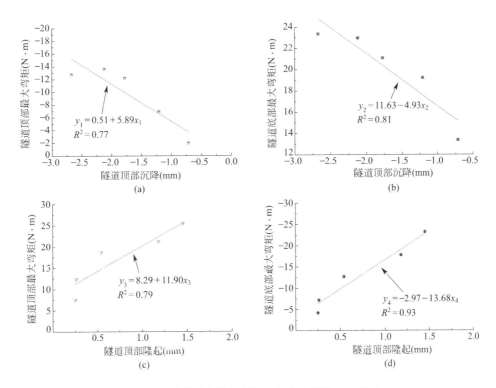

图 3-24 隧道最大纵向弯矩与竖向变形的对应关系

3.4 本章小结

本章基于模型试验，对五种地下水水位变动模式下地铁隧道受力变形规律进行分析，结果表明：

(1) 虽然土层底部沉降 S_0 或隆起 L_0 不一定满足修正高斯曲线，但沿着纵向的隧道变形和弯矩基本满足修正高斯曲线。随着 S_0 或 L_0 的增加，模型隧道的沉降 S 或隆起 L 逐渐增大，但增速趋缓；相同条件下，中心点的最大沉降量 S_{max}/隆起量 L_{max} 为 2~5，

与回弹模量 E_r/弹性模量 E 接近。隧道中心点的拱顶和拱底变形与埋深存在良好的线性关系，最大纵向应变的绝对值、最大切向应变和最大弯矩与拱顶竖向变形，也基本符合线性分布，决定系数 R^2 的范围为 0.77～0.98。

（2）模型隧道的纵向弯矩在中心点处达到最大正弯矩，±40cm（$0.1l$，l 为隧道总长）左右弯矩减小到零，在±60cm（$0.15l$）左右达到反向的最大值。

第 4 章　水位变动条件下地铁隧道结构响应规律的数值分析研究

在上一章分析的基础上，本章采用数值模拟的方法，对等幅变动、大幅下降、小幅上升、小幅下降和大幅上升五种典型地下水位变动模式下的线性地铁隧道受力变形规律进行研究。

4.1　FLAC 3D 软件简介

4.1.1　FLAC 3D 的基本本构模型

基于三维快速拉格朗日法，美国 Itasca 国际咨询公司开发了岩土工程有限差分软件 FLAC（包括二维版本 FLAC 2D 和三维版本 FLAC 3D）。

FLAC 3D 开发了 10 种材料本构模型，且拥有功能强大的结构单元模型，这是 FLAC 3D 在岩土力学与土木工程分析方面优于其他通用有限元分析软件的重要原因。

每一种本构模型都代表着土体在特定状态下的应力应变特性：

(1) 空模型（Null Model），它代表从岩土体模型中开挖或移去的部分，但与之相关联的网格部分仍然保留在原空间位置；(2) 弹性各向同性模型（Elastc Isotropic Model）；(3) 正交各向异性模型（Orthotropic Model）；(4) 横观各向异性模型（Transveresy Isotropic Model）；它们代表理想定义的各向异性弹性模型；(5) 德鲁克-普拉格模型（Drucker-Prager Model），是一种塑性模型；(6) 莫尔-库仑模型（Mohr-Coulomb Model），也是一种塑性模型，代表在常规剪切荷载下产生屈服的材料，但其屈服应力仅仅决定于大小主应力，而中主应力对屈服不产生影响；(7) 应变硬化/软化模型（Srtain-Hardening/Softening Model），是基于莫尔-库仑塑性模型的一种模型，能够反映土体的硬化或软化特性；(8) 遍布节理模型（Ubiquitous-Joint Model），用来模拟岩土材料（主要为岩石）中的软弱面的模型；(9) 双线性应变硬化/软化遍布节理模型（Bilinear Strain-Hardening/Softening Ubiquitous-Joint Model），它综合了应变软化莫尔-库仑模型和遍布节理模型的特性，这种模型对岩体或土体和节理均采用了双线性破坏准则；(10) 修正剑桥模型（Modified Cam-clay Model），可以考虑土体塑性体积变形的影响，主要用于黏土。其中，莫尔-库仑模型主要用于松散、胶结粒状材料，如岩石、土和混凝土，通常用于描述土体和岩石的剪切破坏（如边坡稳定和地下开挖），计算效率较高，应用最广泛。

4.1.2　FLAC 3D 流固耦合

1. FLAC 3D 流固耦合分析特征

FLAC 3D 中的渗流计算可以独立于力学计算，也可以与力学计算进行耦合，也就是流固耦合。土体的固结，就是一种典型的流固耦合现象，在固结过程中包含两种力学效应：(1) 孔隙水压力的改变导致了有效应力的改变，从而影响到土体的力学性能；(2) 土体中的流体对土体体积的改变产生反作用，表现为流体孔压的变化。

FLAC 3D 渗流和流固耦合分析中有如下的特征：(1) 针对不同材料的渗流特点，提供三种渗流模式：各向同性、各向异性及不透水模型。(2) 不同的单元可以赋予不同的渗流模型和渗流参数。(3) 提供丰富而又实用的流体边界条件，包括渗漏量、流体压力、涌入量、地下井、不可渗透边界、抽水井、点源或体积源等。(4) 计算完全饱和土体中的渗流问题，可以采用显式差分法或隐式差分法，其中隐式差分法有较快的计算速度；而不饱和渗流问题只能采用显示差分法。FLAC 3D 不仅可以模拟饱和土体中的渗流，也可以分析带有浸润线的饱和与非饱和区的渗流计算，此时浸润面以上的土体的孔隙水压力为零，气体的压力考虑成负值。(5) 渗流模型可以和固体力学模型、热模型进行耦合。在耦合过程中，可以考虑饱和材料的压缩和热膨胀。(6) 流体和固体的耦合程度更依赖于土体颗粒（骨架）的压缩程度，用 Biot 系数表示颗粒的可压缩程度。即用 Biot 系数确定颗粒变形，来模拟力学与流体的耦合，流体的流动服从 Darcy 定律，流固耦合的过程满足 Biot 方程。循环荷载引起的动水压力和液化问题也可以用 FLAC 3D 模拟[249]。

在渗流计算中，边界条件是很重要的，直接影响渗流计算的结果。在 FLAC 3D 中，有 4 种边界条件：(1) 定水头边界；(2) 定流量边界；(3) 不透水边界；(4) 透水边界。其中程序默认的是不透水边界。

建模步骤如下：(1) 建立有限差分网格；(2) 输入本构特性与材料性质；(3) 确定边界条件与初始条件；(4) 设置分析参数。完成上述工作后，可以获得模型的初始平衡状态。

区域沉降是一个典型的流固耦合问题，FLAC 3D 提供了强大的流体-固体耦合作用分析功能，但进行流固耦合分析耗时太长，在实际分析中应根据实际情况选取不同耦合方法进行分析。由区域降水引起的土层沉降，因为涉及不透水层的固结与含水层的压缩，是一个长期的变动过程，考虑最不利的因素，分析其对地铁隧道结构的影响，应采用长期排水分析法。先采用"set fluid on mech off"模式进行渗流稳态计算，再利用"set fluid off mech on"达到力学平衡[250]。

2. 流固耦合方程

FLAC 3D 中流固耦合的描述在准静态 Biot 理论的框架下完成，而且可以应用到多孔介质中遵循 Darcy 定律的单相渗流的问题。不同类型的流体，包括气体和水，可以用该方法表述。

4.2 水位变动对线性地铁隧道影响的数值分析研究

4.2.1 工程概况

由于地铁隧道纵向刚度较小，长期纵向沉降往往与周围土层沉降相关，并且与下伏土层沉降的关系比与地面沉降的关系更紧密，土层沉降又与水位变化关系密切。当隧道处于弱透水层中时，水位的上升或下降如同对隧道和土体的加、卸载。当隧道处于含水砂层土中时，水位上升使土体膨胀，从而上抬隧道；水位下降增加了土体有效应力，导致隧道下沉。而对穿越弱透水层和含水砂层的复杂地层的隧道，在地层变化的分界面处，沿隧道纵向受到非均匀分布的压力和相应的纵向变形，当承压水水位变化幅度较大时，隧道的纵向变形会更大。

苏州地铁4号线区间隧道由五部分组成：水平过渡段、下坡段、平缓段、上坡段和水平过渡段，五段的平均长度分别为37.2m、279.8m、642.3m、287.6m和38.1m，平均埋深分别为10.0m、12.8m、15.9m、12.7m和9.5m（图4-1）。平均后的苏州区间隧道长度为1131.8m，简单平均后的隧道埋深为12.1m，而加权平均后的隧道深度为12.4m。选择区段位于埋深最深（如图4-2所示的19.4m）且长度较大的石湖—红庄区间隧道的隧道平缓段（1335m）。

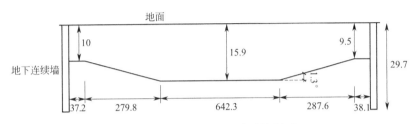

图4-1 苏州地铁4号线平均断面

石湖路站为全线的第16座车站，位于苏州市东吴南路上，穿越石湖路，沿东吴南路南北向布置。本站与2号线换乘，2号线及换乘节点已先期实施。站址处地势略有起伏，车站埋深约为3.6m。周边建筑物和管线密集，施工期间应做好保护措施。车站有效站台中心里程：右DK18+351.739，北端与宝带东路站—石湖路站区间设计分界里程为：右DK18+277.719，车站起点里程为：右DK18+276.719；南端与石湖路站—红庄站区间设计分界里程为：右DK18+454.679，车站终点里程为：右DK18+455.679。结构外包全长181.4m（地墙外边线），标准段外包宽度为25.1m（地墙外边线）。

红庄站位于苏州市东吴南路与吴中大道交叉处，是主线及支线的换乘站，呈近南北走向，中心里程为CK20+257.685，主线起点里程右CK20+053.885，终点里程右CK20+339.185，车站南北向长285.3m，轨面设计标高－19.472～－13.815m，结构底板最大埋深约24.0m，相应标高为－20.45m，为地下两层岛式，拟采用明挖法施工。

地下水根据埋藏条件，可分为潜水含水层和承压含水层。潜水含水层主要分布在填土及浅层黏土层中，主要受大气降水入渗补给，水位随季节变化。根据水文监测资料，区内潜水位标高在0.21～2.63m，实测潜水稳定水位标高在1.23～1.41m。场地内⑤$_2$层为第Ⅰ承压含水层，埋深为21.2～28.8m，水位标高约为－2.70m，对地铁隧道工程影响较大；场地下部⑨粉（细）砂层为第Ⅱ承压含水层，埋深超过60m，对地铁隧道工程影响不大。

4.2.2 计算模型

1. 基本假定

为了简化问题并分析主要规律，基于已有研究成果[251,252]，数值分析的假定如下：

（1）区间隧道简化为内径5.5m、外径6.2m的弹性等厚圆筒（图4-3），采用三维八节点实体单元模拟隧道；

（2）隧道与周围土体以及隧道各环之间均采用刚性连接，并未设置接触面，因为接触面不但会大幅增加计算时间，还会影响收敛性；

（3）基于FLAC 3D的流固耦合分析需要，除了地应力平衡阶段采用莫尔-库仑模型外，其余计算均采用弹性模型，参数如表4-1所示；

物理力学参数　　　　　　表4-1

层号	材料	重度 $\gamma(kN/m^3)$	弹性模量 $E(MPa)$	泊松比 ν	体积模量 $K(MPa)$	剪切模量 $G(MPa)$	渗透系数 $k(cm/s)$	孔隙比
③$_1$	黏土	20.1	21.9	0.32	20.7	8.3	5.80×10^{-7}	0.706
③$_2$	粉质黏土	19.3	15.2	0.34	15.7	5.7	7.40×10^{-7}	0.854
④$_1$	粉质黏土	18.8	13.8	0.37	17.3	5.0	3.60×10^{-6}	0.923
⑤$_1$	粉质黏土	18.7	17.8	0.37	22.3	6.5	6.40×10^{-6}	0.952
⑤$_2$	粉砂夹粉土	19.5	66.4	0.28	49.2	26.0	5.62×10^{-3}	0.735
模型隧道		24.0	31×10^3	0.2	17.2×10^3	12.9×10^3		

（4）实际工程中土层分布不均，计算过程中简化为均匀分层土体[251,252]（图4-2）；

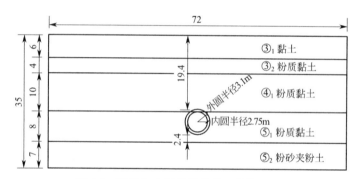

图4-2　隧道与土层位置关系（单位：m）

（5）上海地区水位变动情况简化为第Ⅰ承压含水层⑤$_2$层的水位变动情况；

（6）承压水和潜水的初始孔隙水压力均为静水压力，地下水位变动情况在一个周期内只取最大值和最小值形成的波动折线（图4-5），且使用本书提出的先对最大值和最小值进行评价，然后将初始年份设置为0的平均-归一化简化方法，将波动折线简化为逐渐上升或下降的折线；

（7）土体的渗透系数为各向同性；

（8）为了数值模拟中考虑流固耦合作用，土层全部饱和，即地下水位0m位于地面，同时为了防止计算过程中出现负孔压的情况，设置水的抗拉强度为0kPa；

（9）地下水降落漏斗的剖面见图4-4。其中，轴线垂直于隧道纵向。为简化计算，假设漏斗的形态沿着中轴线不变。

2. 模型建立

国内软土地区的地铁区间隧道多采用土压平衡盾构机，隧道直径D约为6.0m[253]。实际区间隧道的外径和内径分别为6.2m和5.5m，管片厚度为0.35m，混凝土强度等级为C50。计算模型的范围上取至地表，下取至隧道底部以下2D处，横向取至距隧道中线两侧各 6D 处[253,254]。由于主要研究隧道纵向位移和受力情况，所以模型长度根据前文取为 50D。结合 FLAC 3D 手册[255]，三维模型的尺寸，长（Y 方向）、宽（X 方向）和高（Z 方向）分别为 320m、72m 和 35m（图 4-3）。模型单元总数为 38016 个，节点总数为 40755 个，如图 4-3 所示。

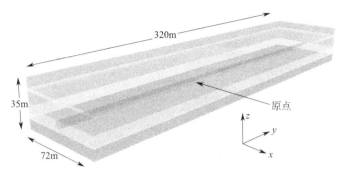

图 4-3　计算模型

模型表面为自由边界，其余为位移边界，侧面固定水平位移，底部为固定三向位移边界，即限制水平位移和垂直位移；隧道两端限制同样固定水平位移。

需要注意的是，在数值模拟中考虑了流固耦合作用，但忽略了固结作用，由于水位和孔隙水压力变动较快，为了形成降落漏斗（图 4-4），所以水位下降时首先对水位下降 1d，然后进行 180d 的流固耦合计算，达到力学和孔隙水压力的平衡；而水位上升时，则直接进行 180d 的流固耦合计算。

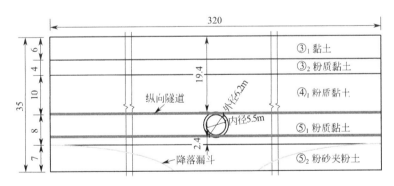

图 4-4　降落漏斗示意（单位：m）

3. 计算工况

结合水位变动情况和流固耦合需要，数值模拟的计算工况记为（图 4-5）：

工况 0：土体初始应力状态，孔隙水压力采用静水位产生，计算过程中水的流体模量设置为 0，以避免计算中造成的孔压变化，计算后位移清零；

工况 1～5：对应如图 2-15 所示的五种水位变动模式（模式 1～5）；

工况 6～10：用平均-归一化方法简化以上五种水位变动模式。每半年为 1 个 Step，每种工况包括 4 个 Step。

4.2.3　计算结果分析

计算结果主要包括 X、Y、Z 三个方向（坐标原点位于隧道中心点，Y 轴与隧道纵向

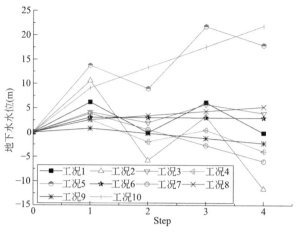

图 4-5　模拟工况

一致，Z 轴为竖直方向，X 轴与隧道纵向垂直的方向，如图 4-3 所示)，以及方向旋转后的径向和切向的受力、位移和孔隙水压力性状。因为是孔隙水压力变化，先引起土体变形进而引起隧道变形，所以分析的顺序依次是孔隙水压力、土体变形、隧道纵向变形、横向变形、切向变形、隧道附加轴力和弯矩。

1. 孔隙水压力

水位变动先引起孔隙水压力的变化，然后再诱发隧道的形状变化，所以首先分析孔隙水压力的分布。承压水和潜水的初始孔隙水压力均为静水压力，若水位下降，则形成降落漏斗；反之，若水位回升超过下降幅度，则形成"锅底"状孔压。由图 4-6 可知，其影响范围在 100m 左右，漏斗中心的截面为 $Y=0$，漏斗边缘取 $Y=96$m，下面将对中心和边缘部位的横截面性状进行详细分析。工况 2 Step4 中的隧道孔压云图如图 4-6 所示，可知，隧道的孔压随着土体孔压的变化而变化。虽然隧道孔压（图 4-7、图 4-8）的变动未必在隧道中点处，但由于隧道孔压差别不大，所以也可以从侧面反映出造成隧道有效应力变化的孔压变化幅度。可以看出，工况 5 和工况 10 的隧道孔压上升最大，而工况 2 和工况 7 的隧道孔压下降最大，这与水位变动是相符的。

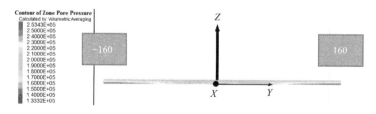

图 4-6　工况 2 Step4 隧道孔压（单位：Pa）

工况 1～5（即模式 1～5）沿着隧道纵向的含水层顶孔压变化如图 4-9～图 4-13 所示，可以看出，工况 1、工况 2 和工况 4 的孔压（意味着实际工程中水头）以下降为主，工况 3 和工况 5 以上升为主，其中工况 3 Step1 和 Step3 以及工况 5 Step1 仍然表现为小幅降低。需要注意的是，工况 5 Step3 的含水层顶孔压表现为上升，这是因为 Step2 的孔压下降幅度较大。

第4章 水位变动条件下地铁隧道结构响应规律的数值分析研究

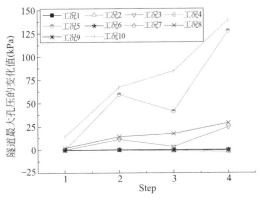

图 4-7 隧道最大孔压的变化值

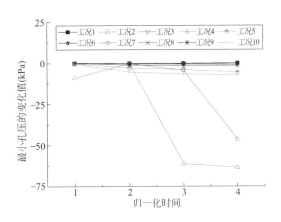

图 4-8 隧道最小孔压的变化值

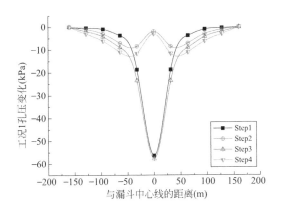

图 4-9 工况 1 含水层顶的孔压变化

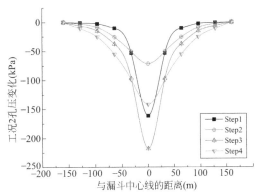

图 4-10 工况 2 含水层顶的孔压变化

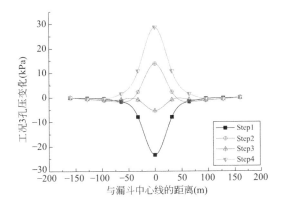

图 4-11 工况 3 含水层顶的孔压变化

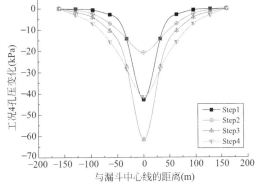

图 4-12 工况 4 含水层顶的孔压变化

2. 土体变形

因为有效应力原理，孔压或承压水水头的变化，必然引起土体和隧道变形，其中土体变形主要分析沿着隧道纵向和横向的变形，下面分别进行分析。

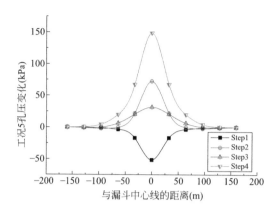

图 4-13　工况 5 含水层顶的孔压变化

1）沿着隧道纵向的土体竖向变形

图 4-14～图 4-18 为工况 1～5 中沿着隧道纵向的土体竖向位移等值线图，图中中下部两条接近水平的直线组成的区域为隧道。可知，土体变形基本呈"锅底"形，工况 1～5 的土体最大变形分别为 $-0.02\%D$、$-0.21\%D$、$0.04\%D$、$-0.06\%D$ 和 $0.197\%D$（D 为隧道半径，$-$ 表示沉降）。工况 1 的变形不对称不规则，这是因为水位变动较小且近乎等幅变动的缘故；还可以看出，土体的最大变形并不位于地面和隧道处，而是位于它们中间，这与常识不太相符，需要进一步探讨。

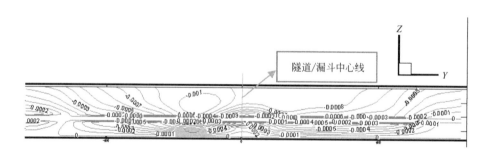

图 4-14　工况 1 Step4 沿着隧道纵向的土体竖向位移

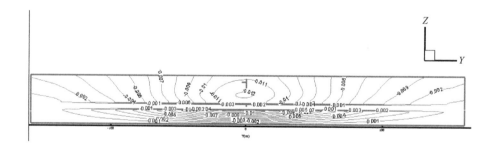

图 4-15　工况 2 Step4 沿着隧道纵向的土体竖向位移

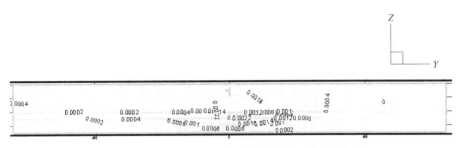

图 4-16　工况 3 Step4 沿着隧道纵向的土体竖向位移

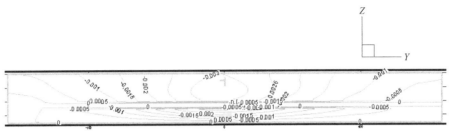

图 4-17　工况 4 Step4 沿着隧道纵向的土体竖向位移

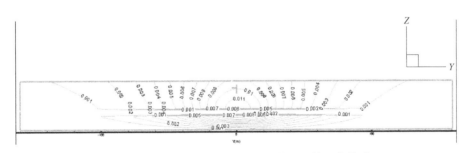

图 4-18　工况 5 Step4 沿着隧道纵向的土体竖向位移

2) 沿着隧道横截面的土体 X 向变形

图 4-19～图 4-22 为工况 2（由于工况 2 是水位下降工况，更具一般性）沿着隧道横截面的土体 X 向位移等值线图，可知：

(1) X 向变形基本呈现左右对称的形状，左半边土体的 X 向位移指向$+X$ 向，右半边则指向$-X$ 向。

(2) 中心点的土体 X 向位移最大值区域类似"碗"形曲线，拱肩的位移很小，而随着与中心点的距离的增加，拱肩方向的"剪刀"形位移从出现到与地面沉降几乎连接在一起，起始于拱腰的"碗"形曲线逐渐消失。在发展过程中，纵向沉降曲线反弯点（下文探讨反弯点位置）所在的 $Y=64\mathrm{m}$ 位置的 X 向位移（图 4-21）是重要的分界点。在这个位置，两种曲线的影响几乎相等。通过计算可知，"剪刀"的一条边与土体水平方向呈 58.1°夹角，接近 $45°+\varphi/2$。反弯点位置可以用沿着横向的土体横向位移判断。

(3) 根据 Attewell 土体位移公式[256]，当不考虑拱线影响时，土体沿着 X 方向最大位移出现在土体横向沉降槽的反弯点（$X=\pm i=\pm 5.0\mathrm{m}$）附近。由于隧道为一个刚性整体,它与周围土体位移相互影响并不断累积,在反弯点以内(−64~64m),土体横向沉降槽范围为隧道中心两侧±2.0i区域,与吴为义博士论文[253,254]中提到的±2.5i近似,因而隧道的X向最大位移位置也与±2.0i值较为接近。由于隧道作为一个整体刚体移动,隧道和在土体沉降槽范围之外(−160~−96m和96~160m)的X向位移基本保持不变。在−128~−64m和64~128m内,X向附近土体最大值出现的位置也与±0.8i~±1.2i值接近。

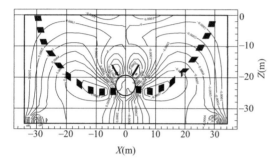

图 4-19　工况 2 Step4 $Y=0$m 截面的 X 向位移

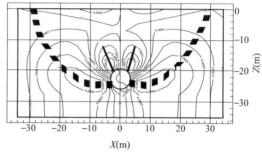

图 4-20　工况 2 Step4 $Y=32$m 截面的 X 向位移

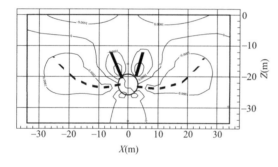

图 4-21　工况 2 Step4 $Y=64$m 截面的 X 向位移

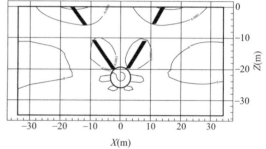

图 4-22　工况 2 Step4 $Y=96$m 截面的 X 向位移

3) 沿着隧道横截面的土体 Y 向变形

而土体 Y 向位移分布(图 4-23~图 4-26)具有以下规律:

(1) Y 向变形也呈现左右对称的形状,左半段的 Y 向位移指向+X 向,右半段则指向−X 向。

(2) 距离中心点 32m 和 64m 处的土体 Y 向位移最大值区域类似"剪刀"形曲线,96m 的最大值区域接近断开的"钻石"形曲线,而 128m 的最大值区域更像闭合的"钻石"形曲线。由于中心点处的 Y 向位移接近于 0,所以限于篇幅,不再作图。在发展过程中,反弯点所在的 $Y=64$m 位置的 Y 向位移(图 4-21)也是分界点,不过没有 X 向曲线中表现得那么明显,但它也是两种类型曲线的分界点。通过分析可知,$Y=32$m→128m 与水平方向的夹角为 56°、54° 和 45°,其值约从 45°+$\varphi/2$ 达到 45°。

(3) 根据 Attewell 土体位移公式[256]和±i,反弯点在 Y 向位移中也有体现,只是不太明显。

(4) 通过图 4-77～图 4-82 可以看出，与 X 向位移类似，隧道 Y 向位移基本上也满足上下对称，但所不同的是下部（拱周 180°～360°）位移稍小于上部（拱周 0°～180°）对称位置。位移从拱侧到拱顶逐渐增大，从拱侧到拱底逐渐减小。最大值在 Step4 的拱顶，从 $Y=0$m、64m 到 96m，工况 2 的最大值分别为 0.03mm、1.98mm 和 1.73mm；而工况 5 的最大值分别为 0.03mm、1.60mm 和 1.07mm。很明显，在 64m 处达到最大值，与图 4-23～图 4-26 所表达的相同。

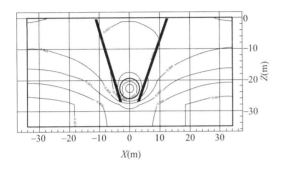

图 4-23　工况 2 Step4 $Y=32$m 截面的 Y 向位移

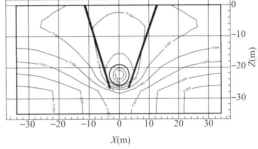

图 4-24　工况 2 Step4 $Y=64$m 截面的 Y 向位移

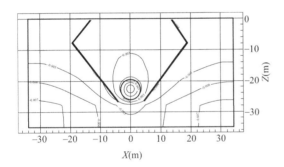

图 4-25　工况 2 Step4 $Y=96$m 截面的 Y 向位移

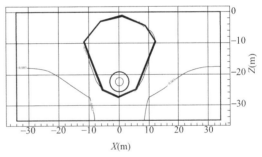

图 4-26　工况 2 Step4 $Y=128$m 截面的 Y 向位移

3. 隧道纵向变形

在影响范围内，隧道在 X（隧道横截面方向）、Y（隧道纵向）、Z（竖向）三个方向，以及方向旋转后的径向和切向位移，均存在一定程度的差异，但由于水位变动以竖向为主，所以隧道变形以竖向为主。同时为表述简洁，如无特别说明，本节分析纵向位移时，均指截面的隧道底部即拱底位置处位移。本节首先分析隧道最终竖向变形，其次分析三个方向的隧道变形，再次探讨不同埋深的土层和隧道变形与下伏含水层孔压变化值之间的关系，然后探讨土层和隧道变形与埋深的关系，最后分析纵向反弯点位置。

1）隧道最终变形

由隧道最大竖向变形（图 4-27）可以看出，工况 2、工况 5、工况 7 和工况 10 的变形最大；工况 5 和工况 10 的隧道最大隆起量分别为 11.5mm（0.2%D，D 为隧道平均直径 5.85m）和 13.1mm（0.22%D），而工况 2 和工况 7 的隧道最大沉降分别为 11.7mm（0.2%D）和 9.8mm（0.2%D）。

由最终竖向变形（图 4-28）可知，沿着纵向的隧道竖向变形都是关于隧道轴线对称分布，且近似满足修正高斯曲线[257]：

$$\begin{cases} S(x) = S_{max} n / \{n - 1 + \exp[\alpha(x/i)^2]\} \\ n = e^{\alpha}(2\alpha - 1)/(2\alpha + 1) + 1 \end{cases} \quad (4-1)$$

工况 1：$S_{max} = -0.31$mm，$i = 15$，$\alpha = 0.1$

工况 2：$S_{max} = -11.66$mm，$i = 60$，$\alpha = 0.6$

工况 3：$S_{max} = 2.42$mm，$i = 28$，$\alpha = 0.25$

工况 4：$S_{max} = -3.06$mm，$i = 16$，$\alpha = 0.3$

工况 5：$S_{max} = 11.50$mm，$i = 33$，$\alpha = 0.3$

式中　　S_{max}——最大变形；

　　　　n——变形曲线的形状系数；

　　　　i——变形曲线的宽度系数；

　　　　α——修正系数，它保证在修正高斯曲线中，i 仍然为曲线的对称中心（图 4-14）到其反弯点的距离（本章中的 i 均为反弯点到其中心线的距离）。

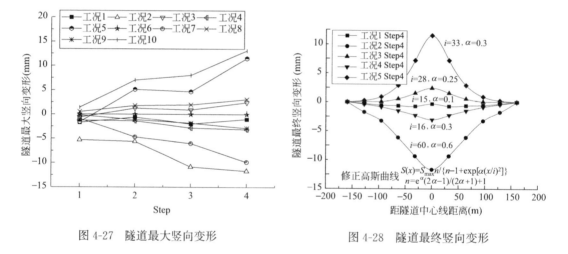

图 4-27　隧道最大竖向变形　　　　图 4-28　隧道最终竖向变形

通过 Excel 可以得到典型工况的拟合参数，见表 4-2（GK 代表工况，下同）。由表可知，工况 2 和工况 5 的 i 最大，并且工况 2~5 的 i 均随着计算步增加而增加，这与图 4-28 相符。

隧道变形关于隧道中心左右对称，且满足修正高斯曲线（图 4-28），离对称中心越远变形越小。变形与水位变动紧密相关，水位上升引起隧道隆起，反之则沉降；最大变形量 S_{max}（mm）随着该次水位变幅 A（m）的增大而增大，工况 1~5 的 S_{max}/A 分别为 1.03、0.82、0.84、0.74 和 0.77，后四者均在 0.8 附近；上升工况的变形模式近似，下降工况的模式也近似，但两者不完全相反，因为存在水位反复升降造成的变形滞后的现象。对称中心到其纵向反弯点的距离 i 随着水位变动的增加而增加，并且下降阶段的 i 往往大于上升阶段，说明隆起的范围往往较小；如果土体采用弹塑性模型，可能差距更大，工况 1~5 的 i 分别为 9.4%l、37.5%l、17.5%l、10%l 和 20.6%l（l 为隧道长度）。

第 4 章 水位变动条件下地铁隧道结构响应规律的数值分析研究

修正高斯曲线公式的拟合参数 表 4-2

工况	i	α	工况	i	α	工况	i	α
GK1 Step1	18	0.40	GK1 Step4	15	0.10			
GK2 Step1	23	0.60	GK2 Step2	50	0.60	GK2 Step4	60	0.60
GK3 Step2	22	0.15	GK3 Step4	28	0.25	GK3 Step2	22	0.15
GK4 Step1	16	0.30	GK4 Step2	38	0.30	GK4 Step4	50	0.30
GK5 Step1	17	0.30	GK5 Step2	24	0.30	GK5 Step4	33	0.30

2) 隧道三个方向的变形

图 4-29～图 4-38 为工况 1～5 Step1～Step4 的隧道位移，图中曲线为隧道的 Y 向即纵向（方向如图 4-6 和图 4-29 所示）位移，每个图中五个隧道截面（X 和 Z 的方向分别为横截面上的水平向和竖直向）圆心处的标示（例如 $Y=32\mathrm{m}$）意味着该处的横截面，其四周的数字代表隧道拱顶、拱底、拱左侧和右侧的位移（S_z 或 S_x），箭头表示位移的方向；$Y=32\mathrm{m}$ 的横截面位移与 $Y=-32\mathrm{m}$ 相同，所以仅显示一半的数据；阴影区域表示隧道初始位置；得到的结论如下：

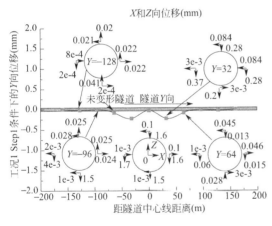

图 4-29　工况 1 Step1 条件下的隧道位移　　图 4-30　工况 1 Step4 条件下的隧道位移

（1）工况 1 变形幅度较小，最大值仅为 0.77mm，并且变化趋势不明显，漏斗中心的变形时而隆起时而沉降，且不一定为隧道的最大值；这是因为工况 1 的水位变动幅度最小，很近似等幅波动。

（2）工况 2～5 Step1～Step4 的位移都以竖向位移为主，因为水位变动主要沿着竖向；拱左侧和右侧的位移基本相同也是这个原因。最大竖向位移基本位于 $Y=0$ 处，工况 1～5 Step4 的最大竖向位移分别为 −0.33mm、−11.7mm、2.42mm、−3.06mm 和 11.5mm，其中工况 2 和工况 5 的位移最大，作为最不利工况进行重点分析。$|Y|<64\mathrm{m}$ 的位移方向（主要是拱顶和拱底）基本相同，而与 $|Y|=96\mathrm{m}$ 和 128m 的位移方向出现较大差异，也说明了反弯点的存在。工况 2～5 的 X 向位移最大值基本位于 $Y=0$ 处的拱顶，且同一位置的拱顶 X 向位移往往比拱底大几倍至数百倍不等，说明拱顶受切向力较大。

（3）其中，工况 2 Step1 和 Step4（图 4-31、图 4-32）的最大竖向位移为 −5.3mm 和

−11.7mm，位于 $Y=0$ 处的拱侧和拱底。Step1 条件下，$|Y|<64m$ 和 128m 的拱顶竖向位移均大于拱底，而 $|Y|=64～96m$ 则相反。$|Y|\leqslant 64m$ 时的 X 向位移方向基本相同，而从 $|Y|=96m$ 的拱底开始变向；同样的情况发生在工况 2 Step4，但有所不同的是，从 $|Y|=96m$ 的拱顶和拱底同时开始变向。

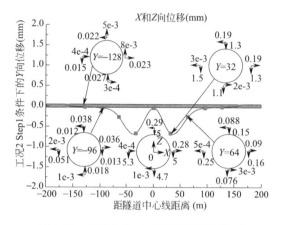

图 4-31　工况 2 Step1 条件下的隧道位移

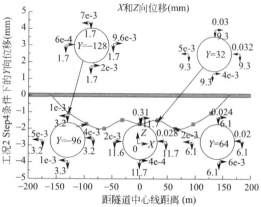

图 4-32　工况 2 Step4 条件下的隧道位移

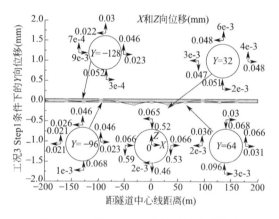

图 4-33　工况 3 Step1 条件下的隧道位移

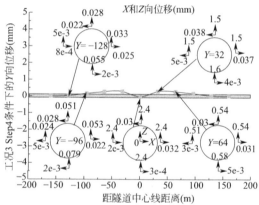

图 4-34　工况 3 Step4 条件下的隧道位移

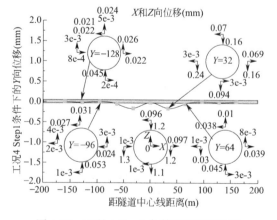

图 4-35　工况 4 Step1 条件下的隧道位移

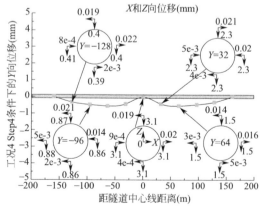

图 4-36　工况 4 Step4 条件下的隧道位移

第 4 章 水位变动条件下地铁隧道结构响应规律的数值分析研究

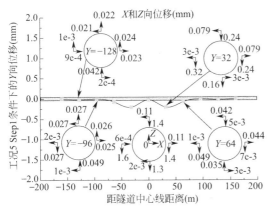

图 4-37 工况 5 Step1 条件下的隧道位移

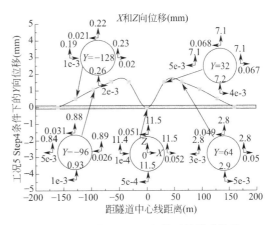

图 4-38 工况 5 Step4 条件下的隧道位移

(4) 工况 5 Step1 和 Step4（图 4-37、图 4-38）的最大竖向位移为 −1.6mm 和 11.5mm，位于 $Y=0$ 处的左拱侧和右拱侧。Step1 条件下的竖向位移以下降为主，其可能的原因是位移滞后于水位变动，或者说小幅度短时间的水位上升可能也产生以隧道沉降为主的竖向位移。Step1 条件下 $|Y| \leqslant 64\text{m}$ 和 128m 的拱顶竖向位移均小于拱底，而 $|Y| = 64 \sim 96\text{m}$ 则相反；而 Step4 条件下拱顶竖向位移均小于拱底。Step4 条件下 $|Y| \leqslant 64\text{m}$ 时的 X 向位移方向基本相同，而从 $|Y| = 96\text{m}$ 的拱底开始变向。

3) 隧道和土体变形与孔压变化的关系

图 4-39～图 4-58 为工况 1～5 Step1～4 条件下土体（埋深 0m、5m、10m、15m 和 28m 的含水层顶部）和隧道（埋深 25m）的竖向变形和孔压变化值的关系，其中图 4-39～图 4-42 为工况 1 的竖向位移，图 4-43～图 4-46 为工况 2 的竖向位移，图 4-47～图 4-50 为工况 3 的竖向位移，图 4-51～图 4-54 为工况 4 的竖向位移，图 4-55～图 4-58 为工况 5 的竖向位移；图中最外侧的曲线为含水层顶部孔压变化值（单位 10kPa，从数值上等于水位变化值）。

从图 4-39～图 4-58 可以看出：

(1) 土层和隧道竖向变形与孔压变化的一致性较好，但由于变形的滞后性，当水位反向变化的幅值不及以前孔压变化（图 4-41、图 4-42 和图 4-48）时，变形可能继续发展。

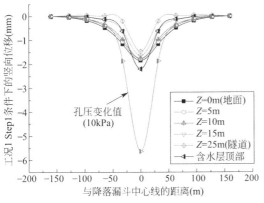

图 4-39 工况 1 Step1 条件下的竖向位移

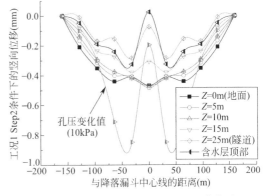

图 4-40 工况 1 Step2 条件下的竖向位移

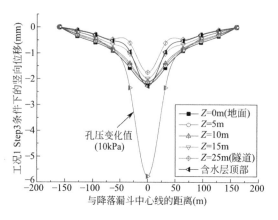

图 4-41 工况 1 Step3 条件下的竖向位移

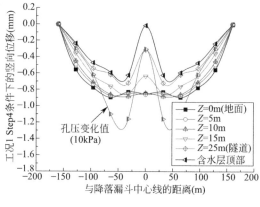

图 4-42 工况 1 Step4 条件下的竖向位移

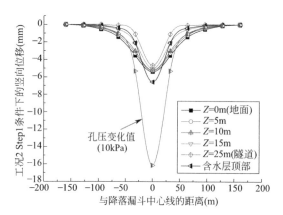

图 4-43 工况 2 Step1 条件下的竖向位移

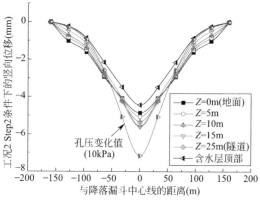

图 4-44 工况 2 Step2 条件下的竖向位移

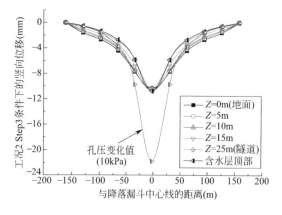

图 4-45 工况 2 Step3 条件下的竖向位移

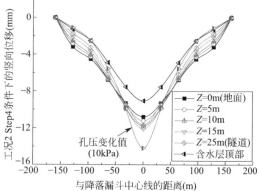

图 4-46 工况 2 Step4 条件下的竖向位移

第 4 章 水位变动条件下地铁隧道结构响应规律的数值分析研究

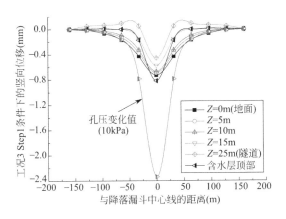

图 4-47 工况 3 Step1 条件下的竖向位移

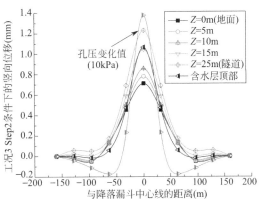

图 4-48 工况 3 Step2 条件下的竖向位移

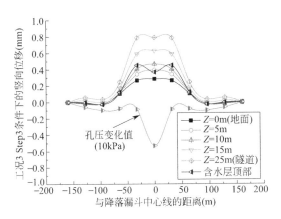

图 4-49 工况 3 Step3 条件下的竖向位移

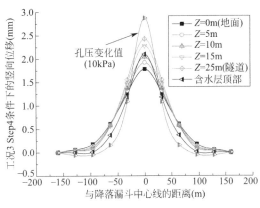

图 4-50 工况 3 Step4 条件下的竖向位移

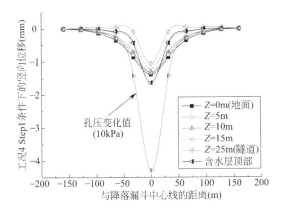

图 4-51 工况 4 Step1 条件下的竖向位移

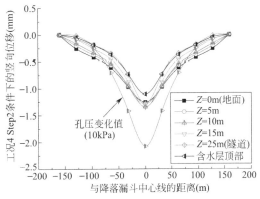

图 4-52 工况 4 Step2 条件下的竖向位移

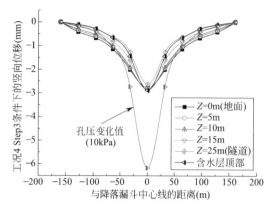

图 4-53　工况 4 Step3 条件下的竖向位移

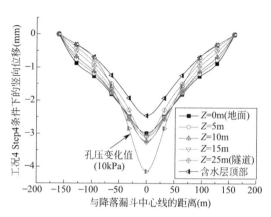

图 4-54　工况 4 Step4 条件下的竖向位移

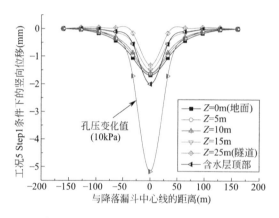

图 4-55　工况 5 Step1 条件下的竖向位移

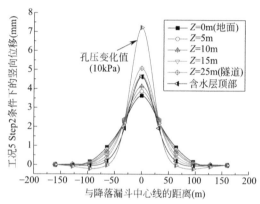

图 4-56　工况 5 Step2 条件下的竖向位移

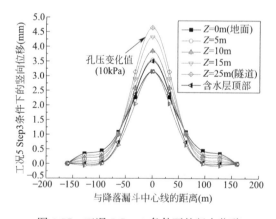

图 4-57　工况 5 Step3 条件下的竖向位移

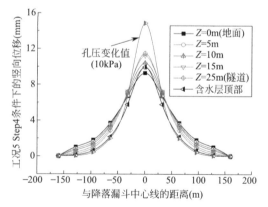

图 4-58　工况 5 Step4 条件下的竖向位移

（2）进行整体分析，除了图 4-41、图 4-42 和图 4-48 以外，其余 Step 中沿着纵向的变形基本满足修正高斯曲线。工况 1 Step1～4 条件下，隧道最大变形 S_{max}/该次水位变幅 A 分别为 0.26、0.37、0.30 和 1.03。工况 2 Step1～4 条件下，S_{max}/A 分别为 0.29、0.78、0.47 和 0.82。工况 3 Step1～4 条件下，S_{max}/A 分别为 0.19、0.89、−1.49 和

0.84。工况 4 的水位变动方式与工况 2 接近，变幅约为后者的 0.3。Step1~4 条件下，S_{max}/A 分别为 0.25、0.62、0.43 和 0.74。工况 5 的水位变动方式与模式 3 接近，变幅约为后者的 5 倍。Step1~4 条件下，S_{max}/A 分别为 0.26、0.70、1.47 和 0.77。

（3）分析同一工况的情况，对于接近小范围等幅变动的工况 1（图 4-9），水位下降阶段的变形符合修正高斯曲线，上升阶段变形较为复杂，离承压水越近，沉降恢复越大。工况 1 Step2 和 Step4 中的土体和隧道竖向位移分布较为复杂，出现沉降漏斗增大情况的同时，埋深 28m（含水层顶部）、25m（隧道底部）和 15m 的漏斗中心均出现沉降恢复的情况，这是由于 Step2 和 Step4 漏斗中心附近孔压均升高（图 4-9）但仍低于前一个 Step 的缘故。对于大幅下降的工况 2（图 4-10），随着水位波动下降，隧道沉降一直增加，上升阶段变形继续增加但沉降槽扩大。对于小幅波动上升的工况 3（图 4-11），由于 Step2 和 Step4 水位的上升幅度较大，所以离承压水越近，土体和隧道的隆起越大；Step3 的变形较为复杂，因为水位降幅低于 Step2 的水位升幅。由于工况 4（图 4-12）和工况 5（图 4-13）的水位变动方式分别与工况 2 和工况 3 接近，所以土体和隧道的变形方式也分别与工况 2 和工况 3 接近。

（4）从不同工况同一 Step 的角度上来说，Step1 的竖向位移分布接近，基本满足修正高斯曲线，并且中心线上含水层顶部位移最大，隧道底部位移最小；由于水位变动差异较大，其余 Step 条件下的土体和隧道变形差异很大，不具有可比性。

4）隧道和土体变形与埋深的关系

从图 4-39~图 4-58 中可以看出，土层的最大变形并不位于地面和隧道位置处，这里仅取最具代表性的漏斗中心线上土体和隧道的竖向变形（图 4-59~图 4-63）作为最大变形，探讨最大变形与埋深的相关关系；每幅图中的Ⅰ区（图 4-59）阴影代表隧道位置，Ⅱ区阴影（埋深 28~35m）代表含水层位置；每幅图中的右上角曲线是该工况条件下沿着隧道纵向的水位变动情况。这些变形沿着埋深，先取绝对值后取平均值得到的结果见图 4-64。从图 4-59~图 4-64 中，可以得到如下结论：

（1）从 Step1 到 Step4，土层和隧道竖向变形基本上随着水位的下降而下降，随着水位的升高而上升，但由于变形的滞后性，当水位反向变化的幅值不及以前水位变化时，变形可能继续发展，这也在实测数据[66]中得到体现。

（2）从埋深的角度，总体而言，随着埋深的增加，土体变形先增大后减小，在 15~20m 附近取得最大值。其原因应该是流固耦合、隧道对土体影响、沉降传递和分层综合共同作用的结果，结果与传统观念中的分层综合法不完全一致。隧道处的竖向变形与地面变形的相对误差为 -32.7%（工况 1）~94.4%（工况 3），前者的平均值比后者略大 9.9%（图 4-64）；而承压层顶部的变形比地面小 -16.6%（工况 1）~32.4%（工况 3），前者的平均值比后者略大 1%，可以认为两者相等；其余埋深（5m、10m 和 15m）处的土层变形平均值比地面变形大 3.6%、7.8% 和 11.6%。

（3）在各个工况的 Step1 中，承压层顶部的变形比其他埋深处的变形大，这主要是因为水位变动发生在含水层中；同时可以发现，隧道处的变形最小，这是因为隧道的刚度较大，产生一定的"土拱"作用；但随着水位变动的进一步加大（例如工况 2 和工况 4），这种"土拱"作用的影响进一步减小。

（4）工况 1~5 地面最大/最小变形分别为 -2.2mm/-0.5mm、-10.8mm/-4.9mm、1.8mm/0.3mm、-3.0mm/-1.3mm 和 9.3mm/-1.7mm；隧道最大/最小

变形分别为 −1.8mm/−0.1mm、−11.7mm/−4.7mm、2.4mm/−0.5mm、−3.1mm/−1.1mm 和 11.5mm/−1.3mm。

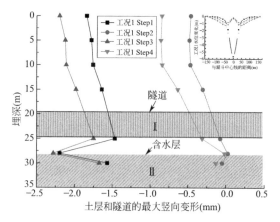

图 4-59 工况 1 漏斗中心线上土层和隧道的变形

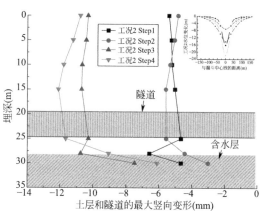

图 4-60 工况 2 漏斗中心线上土层和隧道的变形

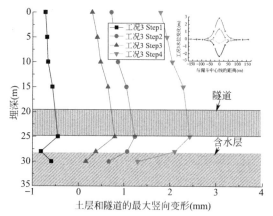

图 4-61 工况 3 漏斗中心线上土层和隧道的变形

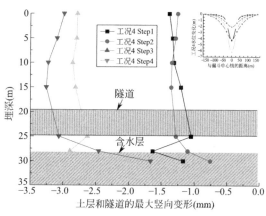

图 4-62 工况 4 漏斗中心线上土层和隧道的变形

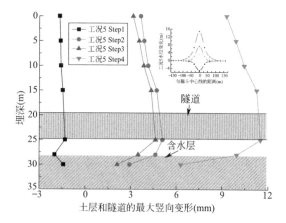

图 4-63 工况 5 漏斗中心线上土层和隧道的变形

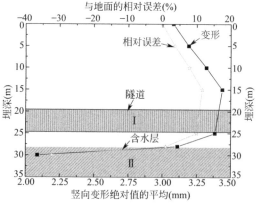

图 4-64 土层和隧道变形绝对值的平均值

第4章 水位变动条件下地铁隧道结构响应规律的数值分析研究

5）纵向变形的反弯点

由图 4-29～图 4-38 可以看出，反弯点（本书提到的反弯点如无特别说明，均指纵向沉降曲线的反弯点）处的受力变形均与其他点不太一致，所以需要进一步探讨反弯点的位置：

（1）随着水位变动的发展，隧道的竖向变形逐渐增大，反弯点与中心线的距离 i 也随之扩大，并且水位下降产生的沉降槽宽度大于水位上升的宽度。这是由于为了形成降落漏斗，对水位下降进行数值模拟时，先仅仅降低承压含水层孔隙水压力，而其他层含水层未变化，然后再进行流固耦合计算；水位上升时，直接进行流固耦合计算；这就导致水位下降产生的漏斗影响范围大于水位上升时，下述中将要提到的最大变形差异也是这个原因。

（2）根据中心线到其反弯点的距离与降落漏斗影响范围（以沉降 1mm 为标准）的关系（表 4-3）可以看出，中心线到其反弯点的距离与降落漏斗影响范围的比值一般在 1/3～1/2，其工程意义是实际工程中，需要注意反弯点附近的位移和受力，因为这里的位移和受力与其他点有较大差别；而其与漏斗影响范围的比值一般在 1/3～1/2，也可以通过这个区间根据反弯点推算降落漏斗影响范围。

（3）由图 4-39～图 4-58 可以得到，沉降阶段随着埋深的增大，i 增加；隆起阶段则相反。

反弯点距离与降落漏斗影响范围的比值　　　　　　　　　表 4-3

工况	Step1	Step2	Step3	Step4
工况 2	0.40	0.52	0.38	0.41
工况 5	0.53	0.51	0.52	0.33

4. 隧道横向变形

接下来探讨沿着纵向的隧道横向（X 向和 Y 向）变形，工况 1～5 的隧道最终 X 向和 Y 向变形见图 4-65、图 4-66。由于上升工况（工况 2 和工况 4）的变形分布类似，下降工况（工况 3 和工况 5）也类似，所以为了研究简便，选取变形较大的工况 2 和工况 5 作为代表性工况。沿纵向的隧道 X 向和 Y 向变形如图 4-67、图 4-68 所示，可知：

（1）沿着纵向的隧道 X 向和 Y 向变形均关于隧道纵向中点对称分布，X 向变形很小且变形分布近似呈"心电图"形，可以忽略不计。沿着纵剖面的 Y 向变形与离中心点的距离呈三次曲线的关系（图 4-66），并关于中点左右对称，在中点处几乎为零，随着远离中点，Y 向变形先增大后减小，在反弯点附近取得最大值；工况 1～5 中，Y 向变形随着水位变动的增大而增大，最大变形分别为 $-0.40‰D$、$-3.4‰D$、$0.47‰D$、$-0.95‰D$ 和 $2.6‰D$（D 为隧道平均直径）。

（2）无论哪种工况，Y 向变形在坐标为 0m 和 96m 处几乎为 0，而在 64m 处达到最大值，工况 2 和工况 5 Step4 时 64m 处的水平变形分别为 -1.4mm 和 0.93mm；在 $Y=32$m 和 128m 处的 Y 向变形基本相等，并且图中所示八种工况的平均值为最大值的 0.43 和 0.39，通过沿着纵向的土体水平变形（图 4-69、图 4-70）可以更清晰地表示。

（3）沿着纵向的横向变形较小，最大值只有约 5×10^{-3}mm。在 0m 和 ±128m 处的值更小，在 $\pm32\sim\pm96$m 的值差不多，其值大约从 2×10^{-3}mm 升高到 5×10^{-3}mm。

（4）实际工程中，不但可以通过隧道水平变形最大值和最小值位置寻找水位变动的最大位置和影响范围，还可以反过来通过水位变动的最大位置和影响范围寻找隧道水平变形的最值，以便于实施对应的预防和处理措施。

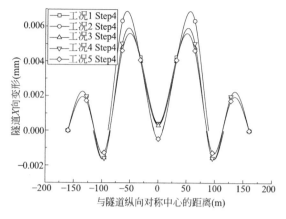

图 4-65　沿纵向的隧道 X 向变形

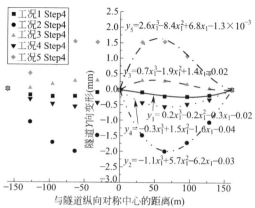

图 4-66　沿纵向的隧道 Y 向变形

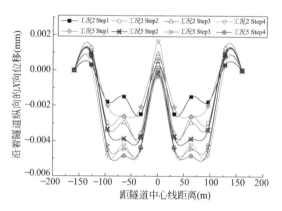

图 4-67　工况 2 和工况 5 的隧道 X 向变形

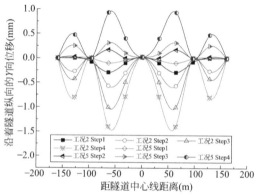

图 4-68　工况 2 和工况 5 的隧道 Y 向变形

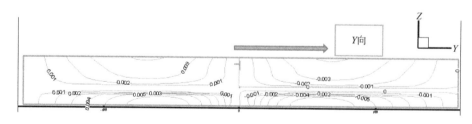

图 4-69　工况 2 Step4 $X=0$ 截面的土体 Y 向变形

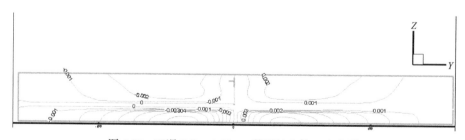

图 4-70　工况 5 Step4 $X=0$ 截面的土体 Y 向变形

1) 隧道横截面上的 X 向变形

由于 FLAC 3D 是基于有限差分法的软件，节点处的位移可能与周围节点位移差异较大，所以图 4-29～图 4-38 中隧道左右拱侧的 X 向变形可能存在不一致的情况，因此需要更多节点位移体现 X 向变形沿着隧道一周的变化。

图 4-71～图 4-76 为漏斗中心、反弯点附近和漏斗边缘工况 2 和工况 5 Step1～4 隧道 X 向变形，可知，与土体变形类似，隧道横截面 X 向变形左右对称；所不同的是隧道 X 向变形基本上也满足上下对称，下部（拱周 180°～360°）变形稍大于上部（拱周 0°～180°）对称位置。变形从拱侧到拱顶逐渐减小，最大值在 Step1 的拱侧，从 0m、64m 到 96m，工况 2 的最大值分别为 0.28mm、0.11mm 和 0.05mm；而工况 5 的最大值分别为 0.11mm、0.039mm 和 0.031mm。隧道的 X 向变形随着水位的上升而减小；反之，则增大。

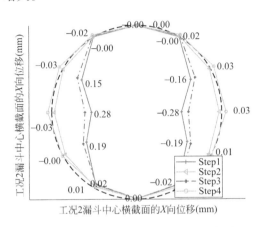

图 4-71　工况 2 漏斗中心处的 X 向变形

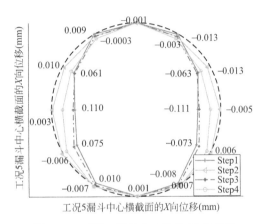

图 4-72　工况 5 漏斗中心处的 X 向变形

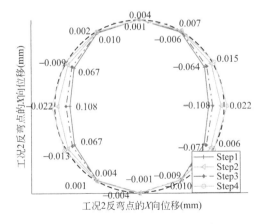

图 4-73　工况 2 反弯点处的 X 向变形

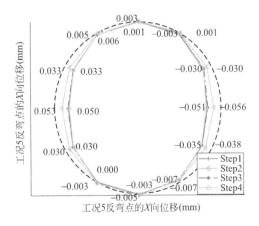

图 4-74　工况 5 反弯点处的 X 向变形

2) 隧道横截面上的 Y 向变形

图 4-77～图 4-82 为漏斗中心、反弯点附近和漏斗边缘工况 2 和工况 5 Step1～4 隧道 Y 向变形雷达图（雷达图包括若干个同心圆，一个雷达图代表一个横截面，0°、90°、180° 和 270° 分别表示某截面的右拱侧、拱顶、左拱侧和拱底位置，角度沿逆时针方向。同心

圆中，最小圆和最大圆分别代表变形最大值和反向最大值；中心圆代表变形为零的线，称为标准线，即为隧道初始状态），具有以下规律：

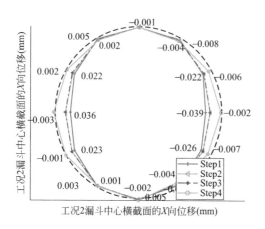

图 4-75　工况 2 漏斗边缘处的 X 向变形

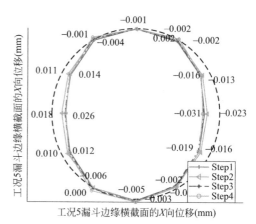

图 4-76　工况 5 漏斗边缘处的 X 向变形

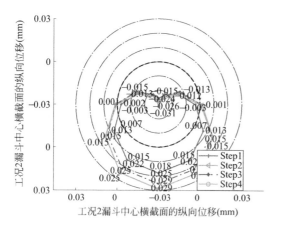

图 4-77　工况 2 漏斗中心处的 Y 向变形

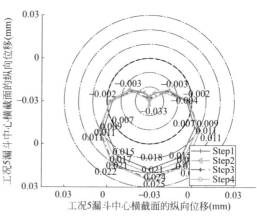

图 4-78　工况 5 漏斗中心处的 Y 向变形

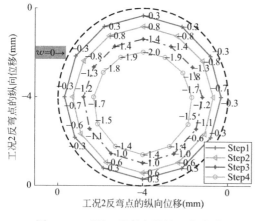

图 4-79　工况 2 反弯点处的 Y 向变形

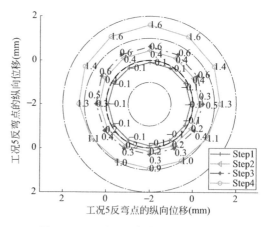

图 4-80　工况 5 反弯点处的 Y 向变形

第4章 水位变动条件下地铁隧道结构响应规律的数值分析研究

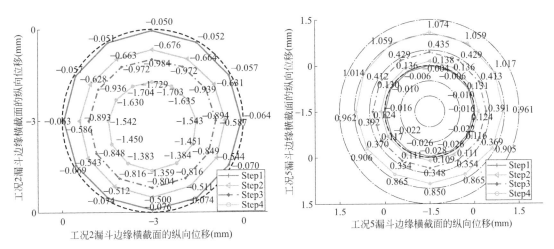

图 4-81　工况 2 漏斗边缘处的 Y 向变形　　图 4-82　工况 5 漏斗边缘处的 Y 向变形

(1) 与 X 向变形类似，隧道 Y 向变形基本上也满足上下对称，但不同的是下部（拱周 180°～360°）变形稍小于上部（拱周 0°～180°）对称位置。变形从拱侧到拱顶逐渐增大，从拱侧到拱底逐渐减小。最大值在 Step4 的拱顶，从 $Y=0$m、64m 到 96m，工况 2 的最大值分别为 0.03mm、1.98mm 和 1.73mm；而工况 5 的最大值分别为 0.03mm、1.60mm 和 1.07mm。很明显在 64m 处达到最大值，与图 4-23～图 4-26 所表达的相同。

(2) 从相邻计算步的变形角度，无论工况 2 还是工况 5，漏斗中心 Step3 与 Step4 的变形接近，两者最大值分别相差 20% 和 5%；工况 2 中，反弯点 4 个 Step 的间隔几乎相同，而漏斗边缘 Step2 与 Step3 的变形更接近，两者最大值分别相差 45.6%；工况 5 中，反弯点 Step2 与 Step3 的变形接近，两者最大值分别相差 43%，而漏斗边缘 Step1 与 Step2 的变形更接近，两者几乎所有位置相同的 Y 向变形差值均接近 0.14mm 且与 0.14mm 的差值不超过 2%。

5. 隧道收敛变形

隧道收敛变形通常是指两侧向中间位移（定义见图 4-83），负值表示"水平向拉伸、竖向压缩"（横椭圆形状）的"压扁"，正值表示水平向压缩，一般伴随着竖向拉伸拱顶隆起（呈竖椭圆形状）。本书为了比较水平向和竖向变形的差异，将常用变形称为水平收敛变形 $S_{sl,x}$。它与竖向收敛变形 $S_{sl,z}$（定义见图 4-87）共同称为收敛变形。同一 Step 的水平收敛变形见图 4-83～图 4-86，水平与竖向收敛变形的误差和相对误差如图 4-88、图 4-89 所示，而同一工况不同 Step 的水平收敛变形见图 4-90～图 4-94。由图 4-83、图 4-94，可以得到以下结论：

(1) 从不同工况同一 Step 的角度而言，Step1 和 Step3 条件下，沿着纵向的隧道水平收敛变形为负值（横椭圆形状）近似满足修正高斯曲线：

$$\begin{cases} S(x)=S_{sl,\text{xmax}} n/\{n-1+\exp[\alpha(x/i)^2]\} \\ n=e^\alpha(2\alpha-1)/(2\alpha+1)+1 \end{cases}$$

工况 1：$S_{sl,\text{xmax}}=-0.06$mm，$\alpha=-0.024$，$i=29.4$

工况 2：$S_{sl,\text{xmax}}=-0.14$mm，$\alpha=0.061$，$i=28.7$ 　　　　(4-2)

工况 3：$S_{sl,\text{xmax}}=-0.03\text{mm}$，$\alpha=-0.126$，$i=29.4$

工况 4：$S_{sl,\text{xmax}}=-0.048\text{mm}$，$\alpha=-0.054$，$i=29.0$

工况 5：$S_{sl,\text{xmax}}=-0.054\text{mm}$，$\alpha=-0.035$，$i=29.0$

（2）收敛变形左右对称，越偏离对称中心，变形越小。结合水位变动情况表明，相同条件下，水位下降时的隧道水平收敛变形大于上升时。Step2 条件下 $S_{sl,x}$ 很小，近似呈"一峰三驻点"曲线，并且除了隧道边缘外，其余点沿着隧道纵向变化不大，可以忽略不计；Step4 条件下隧道最终水平收敛变形包络线基本满足梯形分布（图 4-86），工况 2 基本全为正值（说明过渡为竖椭圆形状，应该是由于水位上升的现象），除此之外的工况基本为负值，变形从大到小依次为工况 5、2、3、1 和 4，各工况的最大水平收敛变形 $S_{sl,\text{xmax}}/D$ 分别为 -2.4ppm、-2.5ppm、-3.5ppm、-2.4ppm 和 -6.1ppm（百万分之一，即 $\times10^{-6}$）。由于五种工况的 Step1 均为水位下降，所以除非水位逆向变动（上升）足够大，时间足够长，否则收敛变形的方向很难改变。这也包括了变形滞后的因素。

（3）为了验证最终水平收敛变形的合理性，需要研究 Step4 条件下竖向收敛变形 $S_{sl,z}$（图 4-87）。与图 4-86 相符，竖向除了工况 2，其余工况的 $S_{sl,z}$ 主要为正值，印证了"压扁"的横椭圆形状。通过进一步研究两者的误差（图 4-88）和相对误差（图 4-89）可知，误差在漏斗中心和漏斗边缘变化较大（拱腰、拱肩和拱脚等位置也变化），在反弯点附近误差最小。这反映了隧道的横截面性状在漏斗中心和漏斗边缘变化较为复杂，在反弯点附近较为简单，水平和竖向收敛变形几乎相等。

（4）为了研究水平收敛变形与孔压的关系，需要两者对照，如图 4-90～图 4-94 所示，两者联系紧密。当水位变动不大（工况 1）时，水平收敛变形分布模式与水位变动模式很近似，漏斗中心的收敛变形为水位变动值的 0.01～0.03；上升工况（工况 2 和工况 4）的变形分布类似，下降工况（工况 3 和工况 5）也类似；如果初始步（Step1）水位先下降，所以水平收敛变形以负值为主；因为工况 2 和工况 5 的水位变幅大于工况 3 和 4，所以收敛也更向正值靠近，甚至以正值为主（工况 2 Step4）；除非水位逆向变动（上升）足够大，时间足够长，否则收敛变形的方向很难改变；并且水位同方向变动产生的收敛变形则容易得多，这其实也是土体和隧道变形要考虑时间因素和应力历史因素的重要体现。

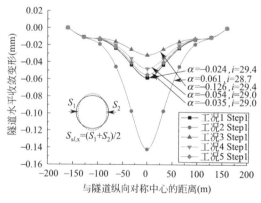

图 4-83 Step1 条件下的隧道水平收敛变形

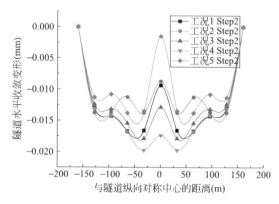

图 4-84 Step2 条件下的隧道水平收敛变形

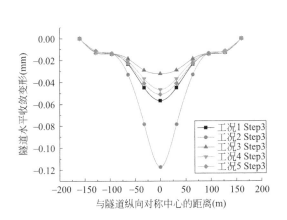

图 4-85 Step3 条件下的隧道水平收敛变形

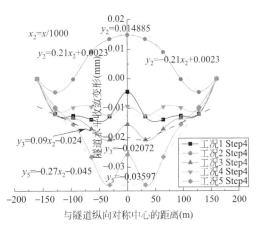

图 4-86 隧道最终水平收敛变形

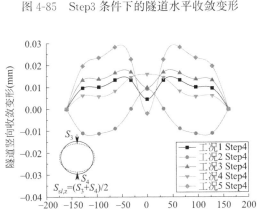

图 4-87 隧道最终竖向收敛变形

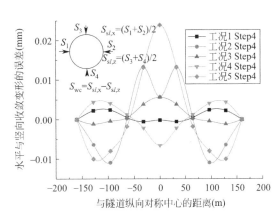

图 4-88 隧道水平与竖向收敛变形的误差

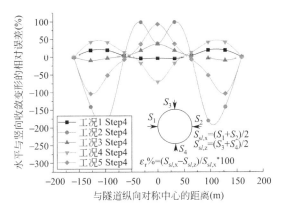

图 4-89 隧道水平与竖向收敛变形的相对误差

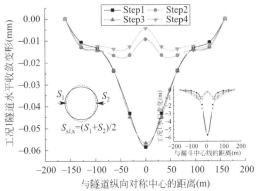

图 4-90 工况 1 隧道水平收敛变形

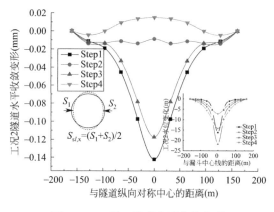

图 4-91　工况 2 隧道水平收敛变形

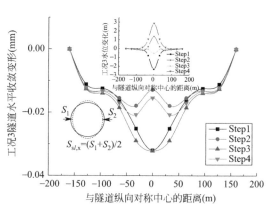

图 4-92　工况 3 隧道水平收敛变形

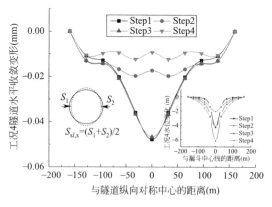

图 4-93　工况 4 隧道水平收敛变形

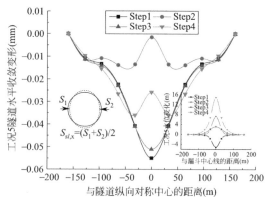

图 4-94　工况 5 隧道水平收敛变形

6. 隧道径向变形

由于沿着隧道纵向的拱顶、拱底和拱侧的径向变形和切向变形，与同一位置的横向变形（见"4. 隧道横向变形"）相同，所以不再显示。由于上升工况（工况 2 和工况 4）的变形分布类似，下降工况（工况 3 和工况 5）也类似，为了研究简便，选取变形较大的工况 2 和工况 5 作为代表性工况。

选取漏斗中心（$Y=0$m）和漏斗边缘（$Y=96$m）为代表性截面，图 4-95～图 4-98 为工况 2 和工况 5 这两个截面上的隧道径向位移，结论如下：

（1）整体而言，拱顶和拱底的位移大于拱侧，下降过程中拱底略大于拱顶，上升中则相反。竖向位移值相差不多，Step1 最大偏差仅约为刚体位移的 15% 以内，Step2～4 最大偏差仅约为刚体位移的 5%，因而工程中位移初步分析时，可以忽略两者的差异。

（2）径向位移在圆周的分布在 Step1 时，近似保持"圆形"，反映了拱截面本身变形很小，而到 Step4 时更接近"心"形，说明变形较大，这是因为隧道变形造成拱顶或拱底的挤压和拉伸。

（3）图 4-95 为工况 2 漏斗中心处的径向位移，其中的黑线虚线表示位移为零。径向位移的方向为指向圆心方向为正，反之为负。无论工况 2 还是工况 5，Step4 的径向位移最大。

(4) 漏斗中心工况 2 的 Step1 和 Step2 位移很接近,同时 Step3 和 Step4 也很接近,说明在相同条件下,如果回升水位小于下降水位,位移仍旧小幅下降,也即沉降相对于孔压的滞后性;而通过图 4-96 可知,下降水位小于上升水位也是如此;这种滞后性在漏斗边缘表现的没有漏斗中心明显,说明离沉降漏斗中心越近,滞后性越明显。

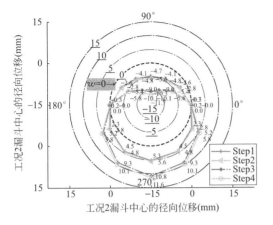

图 4-95　工况 2 漏斗中心处的径向位移　　图 4-96　工况 5 漏斗中心处的径向位移

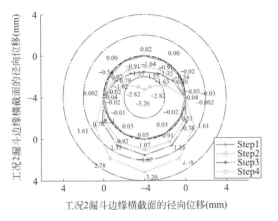
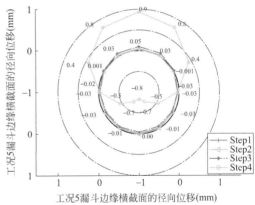

图 4-97　工况 2 漏斗边缘处的径向位移　　图 4-98　工况 5 漏斗边缘处的径向位移

7. 隧道附加轴力

工况 1～5 的 Step4 条件下的隧道底部附加纵向轴力(以下简称轴力,压力为正,拉力为负)如图 4-99 所示,可知,沿着隧道纵向从中心到端点,轴力先减小到零(反弯点附近)后反向增大再减小到零;沿着纵向基本满足修正高斯曲线:

$$\begin{cases} N(x) = N_{\max} n / \{n - 1 + \exp[\alpha(x/i)^2]\} \\ n = e^{\alpha}(2\alpha - 1)/(2\alpha + 1) + 1 \end{cases}$$

工况 1:$N_{\max} = -37.269 \text{kN}$,$\alpha = 3.743$,$i = 57.7$

工况 2:$N_{\max} = -222.888 \text{kN}$,$\alpha = 0.813$,$i = 34.1$　　(4-3)

工况 3:$N_{\max} = 58.925 \text{kN}$,$\alpha = 2.522$,$i = 23.5$

工况 4：$N_{max}=-64.608$kN，$\alpha=0.876$，$i=35.8$
工况 5：$N_{max}=291.187$kN，$\alpha=3.882$，$i=28.8$

各工况在漏斗中心附近（工况 1 在反弯点）取得最大值-37.27kN、-222.89kN、58.93kN、-64.61kN 和 291.19kN，工况 2～5 在反弯点附近取得最小值-27.06kN、4.69kN、-9.10kN 和 -35.38kN，在接近隧道端点（±128m）取得次最大值117.70kN、-12.82kN、35.92kN 和 -73.79kN。

由于上升工况（工况 2 和工况 4）的受力分布类似，下降工况（工况 3 和工况 5）也类似，所以为了研究简便，选取受力较大的工况 2 和工况 5 作为代表性工况。

工况 2 和工况 5 中 Step1～4 沿着隧道纵向的附加轴力如图 4-100、图 4-101 所示，附加轴力分布具有如下规律：

（1）一般而言，当无差异沉降时，隧道在初始状态下的轴力主要是由于施工过程、泊松效应和边界约束等因素引起的，数值较小，一般不超过 1kN，通常可以忽略不计。

（2）工况 2 的纵向最大轴向压力出现在 Step3 的隧道轴线正上方拱顶处（310.42kN），最大拉力则出现在 Step4 中 $Y=128$m 的拱顶处（117.71kN），在距离隧道轴线一定长度的拱顶处对称出现了较大的轴向拉力。而工况 5 的纵向最大轴向压力出现在 Step4 的隧道轴线正上方拱顶处（73.79kN），最大拉力则出现在 Step4 中 $Y=128$m 的拱顶处（291.19kN）。从数值上看，一般情况下 Step4 的拱顶轴力最大，主要是因为水位变动幅度大。

（3）以工况 2 为例，Step1 时，轴力影响范围较小，最大轴力出现在 $Y=50$m 左右，随着计算步骤的推进，移到 $Y=128$m 左右；Step2 与 Step1 相比水位回升 10.6m，最大轴向压力减小 47%，使得轴向压力和拉力差值更小，隧道轴力更为均匀，隧道性状较好；Step2 到 Step3 则相反，最大轴向压力增大 1.8 倍至最大值；Step3 到 Step4，随着水位同样回升，隧道轴力更为均匀。

综合而言，需要特别注意中心点和距离中心点±128m 处，这些位置最容易出现最大轴力。

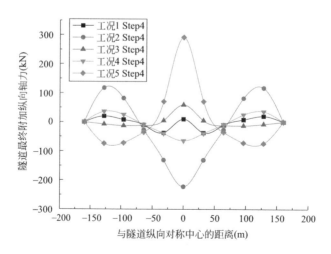

图 4-99　隧道最终附加纵向轴力

第4章 水位变动条件下地铁隧道结构响应规律的数值分析研究

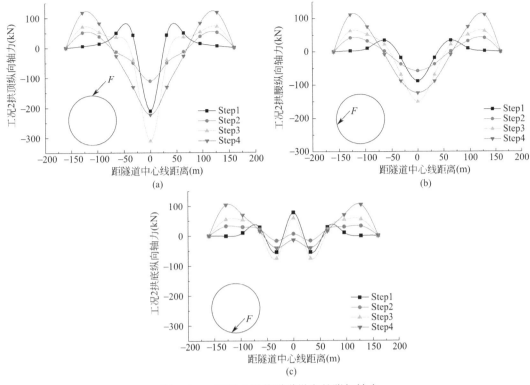

图 4-100 工况 2 沿着隧道纵向的附加轴力

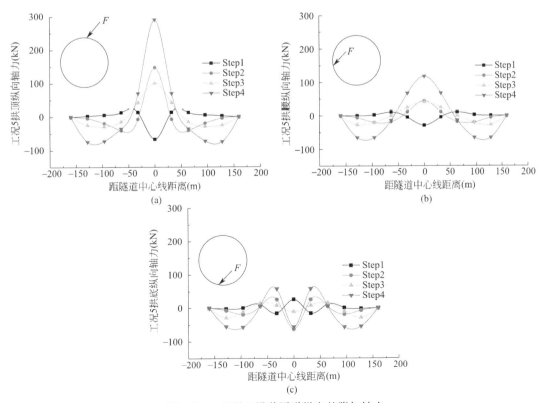

图 4-101 工况 5 沿着隧道纵向的附加轴力

8. 隧道附加弯矩

工况1~5的Step4条件下的隧道底部附加弯矩（以下简称弯矩，沿着纵向的弯矩以下部受拉为正，上部受拉为负）如图4-102所示，隧道纵向弯矩基本满足修正高斯曲线：

$$\begin{cases} M(x) = M_{\max} n / \{n - 1 + \exp[\alpha(x/i)^2]\} \\ n = e^\alpha (2\alpha - 1)/(2\alpha + 1) + 1 \end{cases}$$

工况1：$M_{\max} = 0.495 \text{kN} \cdot \text{m}$，$\alpha = 0.369$，$i = 82.3$

工况2：$M_{\max} = 1.976 \text{kN} \cdot \text{m}$，$\alpha = 0.152$，$i = 33.1$ (4-4)

工况3：$M_{\max} = -0.544 \text{kN} \cdot \text{m}$，$\alpha = 0.136$，$i = 17.4$

工况4：$M_{\max} = 0.884 \text{kN} \cdot \text{m}$，$\alpha = 0.009$，$i = 33.3$

工况5：$M_{\max} = -1.867 \text{kN} \cdot \text{m}$，$\alpha = 0.134$，$i = 17.4$

相同条件下上升工况反弯点到对称中心的距离比下降工况大，从中点到两侧端部先逐渐减小，减幅渐小；弯矩从大到小依次为工况2、5、4、3和1；工况3和工况5以负弯矩（上部受拉）为主，其余工况以正弯矩（下部受拉）为主。工况1沿着纵向呈现类似波浪般起伏的形状，最大值0.50kN·m出现在中点附近；工况2~5的最大值出现在中点附近，依次为1.98kN·m、-0.54kN·m、0.88kN·m和-1.87kN·m；值得注意的是，工况3和工况5在两侧端点很近的地方出现弯矩反向（值很小）的情况，可能是初始弯矩的原因。

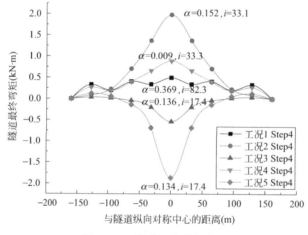

图4-102 隧道最终附加弯矩

仍选取弯矩较大的工况2和工况5作为代表性工况，工况2和工况5 Step1~4的弯矩如图4-103、图4-104所示，可以得到以下规律性认识：

（1）初始状态的弯矩为-18.3kN·m左右，且沿隧道纵向基本无变化。较大的负弯矩出现在拱侧和工况5的拱底附近，而较大的正弯矩则出现在拱顶与工况2的拱底附近。

（2）沿着隧道纵向的拱底和拱侧弯矩基本满足修正高斯曲线，弯矩也是左右对称的，拱顶分布基本满足"锅盖"形曲线，拱底弯矩的分布形态与水位变动曲线很接近，令人惊喜的是漏斗中心拱底的弯矩在数值上约为0.13A（A为水位变动幅值）。其中由于水位变动的往复，工况2 Step1和Step3的拱侧、工况5 Step1的拱侧以及Step2和Step4的拱顶更像"W"形曲线。

第4章 水位变动条件下地铁隧道结构响应规律的数值分析研究

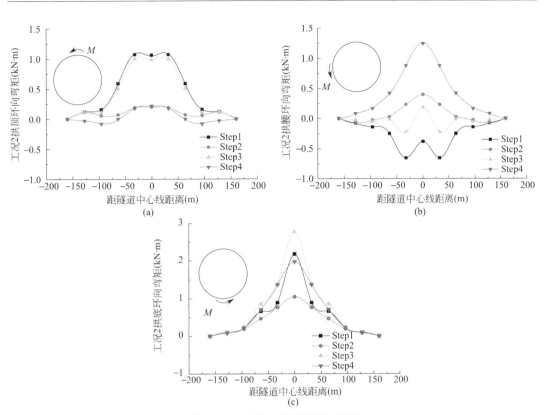

图 4-103 工况 2 隧道的附加弯矩

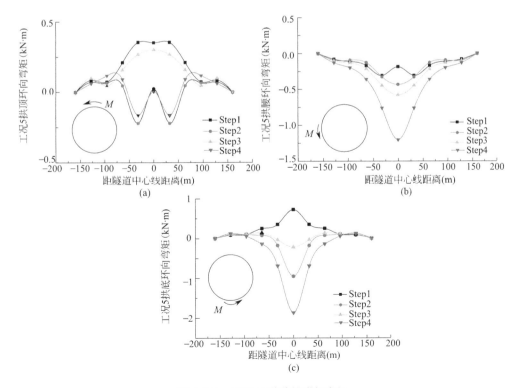

图 4-104 工况 5 隧道的附加弯矩

(3) 就拱顶附加弯矩而言，工况 2 中 Step1 和 Step3 最大，±32m 范围内基本均为 1kN·m，±64m 处减小一半至 0.5kN·m，±96m 和 ±128m 处更减小至 0.1kN·m，而 Step2 和 Step4 基本为 Step1 相同位置数值的 1/5；工况 5 中 Step1 和 Step3 的 ±32m 范围内弯矩是工况 2 的 1/3，在 0.33kN·m 左右，Step2 和 Step4 为"W"形曲线，仅有 ±32m 处出现反向弯矩 −0.2kN·m，其余为正弯矩且都小于 0.12kN·m。

(4) 对于拱侧附加弯矩，工况 2 中 Step1 和 Step3 基本负弯矩且类似"W"形曲线，Step2 和 Step4 中大部分为正弯矩基本满足修正高斯曲线；Step1 中的最大值出现在 ±32m 处，为 −0.66kN·m，次最大值出现在中心点处，为 −0.38kN·m；由于水位上升，Step2 大部分为正弯矩，最大值为 0.4kN·m，同样由于水位上升，Step4 全部为正弯矩，最大值增大为 2 倍达到 1.24kN·m，Step3 最大值、最小值为 ±0.2kN·m 左右；工况 5 中全部为负弯矩且 Step2~4 基本满足修正高斯曲线，最大值为 1.2kN·m，出现在 Step4 的中心点位置。Step1 呈现类似"W"形曲线，最大值为 0.3kN·m，出现位置在 ±32m 处，次最大值出现在零点。

(5) 对于拱底弯矩，工况 2 中基本满足修正高斯曲线且全部为正弯矩，Step1~4 的最大值分别为 2.2kN·m、1.0kN·m、2.8kN·m 和 2.0kN·m。工况 5 中基本满足修正高斯曲线，Step1 全部为正弯矩，最大值位于中心点处，为 0.73kN·m，之后的计算步出现负弯矩的点分别在 ±32m、±32m 和 ±64m 范围内，最大值分别为 −0.95kN·m、1.0kN·m、−0.22kN·m 和 −1.9kN·m。

综合而言，需要特别注意，水位再次上升后的拱底和拱侧、水位大幅下降后的拱底以及水位下降后的拱顶和水位再次上升后的距离中心点 ±32m 处。这些位置最容易出现最大弯矩。

4.3 本章小结

本章基于 FLAC 3D 三维数值模拟，对五种地下水水位变动模式（水位等幅变动、持续波动下降并低于历史最低水位、小范围波动上升、小范围波动下降和大幅波动上升）下地铁隧道受力变形规律进行分析，并通过数值分析得到隧道纵向、横向、收敛变形以及附加轴力和附加弯矩的经验曲线，结果表明：

(1) 纵剖面上的土体竖向变形基本呈"锅底"形，而漏斗中心横截面上的土体 X 向位移类似"碗"形曲线，拱肩的位移很小，而随着与中心点的距离增加，拱肩方向的"剪刀"形位移从出现到与地面沉降几乎连接在一起。纵向反弯点横截面上的 X 向位移是与水平方向呈 $45°+\varphi/2$ 的"剪刀"形。随着埋深增加，漏斗中心线上的土体变形先增大后减小，在 15~20m 附近取得最大值，埋深 25m 的隧道变形比地面变形大 9.4% 左右。

(2) 将沿着纵向的隧道最终变形拟合为修正高斯曲线，它与承压水的水位变动关系密切。工况 1~5 条件下，S_{max} 和 i 依次为 −0.005%D（D 为隧道直径）和 9.4%l、−0.2%D 和 37.5%l、0.04%D 和 17.5%l、−0.05%D 和 10%l、0.2%D 和 20.6%l。

(3) 工况 1 Step1~4 条件下，隧道最大变形与该次水位变幅比值 S_{max}/A 分别为 0.26、0.37、0.30 和 1.03。工况 2 Step1~4 条件下，S_{max}/A 分别为 0.29、0.78、0.47

和 0.82。工况 3 Step1～4 条件下，S_{max}/A 分别为 0.19、0.89、-1.49 和 0.84。工况 4 的水位变动方式与工况 2 接近，变幅约为后者的 30%，Step1～4 条件下，S_{max}/A 分别为 0.25、0.62、0.43 和 0.74。工况 5 的水位变动方式与工况 3 接近，变幅约为后者的 5 倍，Step1～4 条件下，S_{max}/A 分别为 0.26、0.70、1.47 和 0.77。

(4) 沿着纵向的隧道 X 向和 Y 向变形均关于隧道纵向中点对称分布，X 向变形很小且变形分布形态近似，可以忽略不计。将 Y 向变形拟合为三次函数曲线，其在中点处几乎为零，随着远离中点，Y 向变形先增大后减小，在反弯点附近取得最大值；工况 1～5 条件下，Y 向最终变形随着水位变动的增大而增大，最大变形分别为 $-0.40‰D$、$-3.4‰D$、$0.47‰D$、$-0.95‰D$ 和 $2.6‰D$（D 为隧道直径）。

(5) 不同工况同一 Step 的角度而言，Step1 和 Step3 条件下，沿着纵向的隧道水平收敛变形为负值（横椭圆形状）近似满足修正高斯曲线；并且左右对称，越偏离对称中心，变形越小，变形从小到大依次是工况 3、4、5、1 和 2。结合水位变动情况表明，相同条件下，水位下降时的隧道水平收敛变形大于上升时。Step2 条件下 $S_{sl,x}$ 很小，并且除了隧道边缘外，其余点沿着隧道纵向变化不大，可以忽略不计；Step4 条件下隧道最终水平收敛变形包络线基本满足梯形分布（图 4-86），工况 2 基本全为正值（说明过渡为竖椭圆形状，应该是由于水位上升的现象），除此之外的工况基本为负值，变形从大到小依次为工况 5、2、3、1 和 4。

(6) 误差在漏斗中心和漏斗边缘变化较大（拱腰、拱肩和拱脚等位置也变化），在反弯点附近误差最小，反映了隧道的横截面性状在漏斗中心和漏斗边缘变化较为复杂，在反弯点附近较为简单，水平和竖向收敛变形几乎相等。当水位变动不大（工况 1）时，水平收敛变形分布模式与水位变动模式很近似，漏斗中心的收敛变形为水位变动值的 0.01～0.03；上升工况（工况 2 和工况 4）的变形分布类似，下降工况（工况 3 和工况 5）也类似；如果初始步（Step1）水位先下降，所以水平收敛变形以负值为主；因为工况 2 和工况 5 的水位变幅大于工况 3 和工况 4，所以收敛也更向正值靠近，甚至以正值为主（工况 2 Step4）。

第5章 工程性降水条件下地铁隧道结构响应规律研究

遇到承压水对开挖有影响的深基坑工程时，通常需要采取工程性降低承压水的措施，当地铁隧道在工程性降水影响范围内时，土体和隧道的受力变形必然受到影响。文献中对此类问题的分析方法特别是理论解析方法研究甚少，本章首先分析工程性降水的特点和实例，在此基础上提出考虑梯形附加应力分布的工程性降水简化方法，基于 Mindlin 解和 Winkler 弹性地基梁模型的两阶段分析法得到解析解，并与数值分析结果进行对比，最后采用数值模拟手段对工程性降水诱发地铁隧道受力变形的影响因素进行探讨。

5.1 工程性降水特点及实例分析

5.1.1 工程性降水特点

遇到承压水对开挖有影响的深基坑工程时，通常需要采取工程性降低承压水的措施。根据张明臣[258]对孔压分布（图 5-1）的分析以及吴林高[259]（图 5-2～图 5-4）和瞿成松[260]（图 5-5 和图 5-6）对基坑降水水位等值线和地面沉降等值线的分析，工程性降水具有以下特点：

（1）在平面上，工程性降水的水位和地面沉降等值线分布为以基坑为中心向四周扩散的圆形或椭圆形，离基坑越近水位变幅和地面沉降越大，随着远离基坑周边水位变幅和地面沉降逐渐减小，并且减缓幅度也逐渐减小。

（2）在剖面上，工程性降水的水位和地面沉降等值线分布更接近梯形，并且基本沿中心线对称（图 5-5 和图 5-6）。

图 5-1 基坑降水的孔压分布[258]

5.1.2 实例分析

以苏州地铁 4 号线为例，受承压水显著影响的车站及其降水设计情况见表 5-1。这些典型车站工程性降水的特点是需要降压的目的含水层均为第Ⅰ承压含水层。

红庄站需要降压的目的含水层为开挖面以下约 5m 处，存在一层厚约 12m、承压水水

第 5 章 工程性降水条件下地铁隧道结构响应规律研究

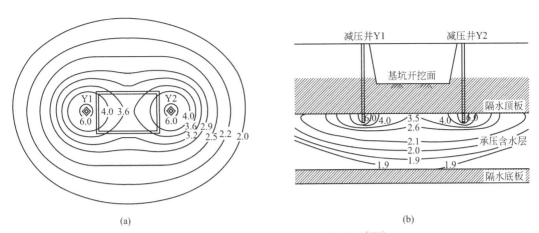

图 5-2 无隔水帷幕基坑降水水位等势线[259]
（a）平面图；（b）剖面图

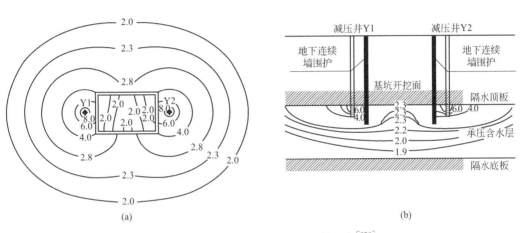

图 5-3 有隔水帷幕坑外降水水位等势线[259]
（a）平面图；（b）剖面图

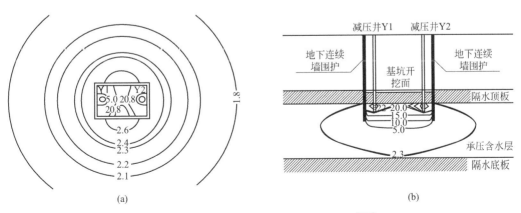

图 5-4 有隔水帷幕坑内降水水位等势线[259]
（a）平面图；（b）剖面图

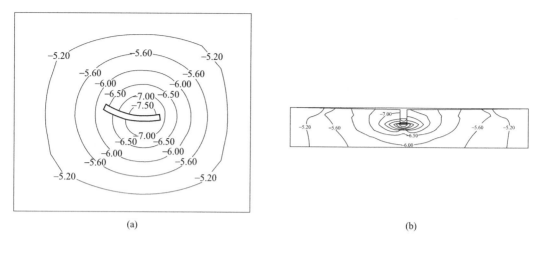

图 5-5　上海地铁 4 号线董家渡修复段基坑降水水位等值线图（单位：m）[260]
(a) 平面图；(b) 剖面图

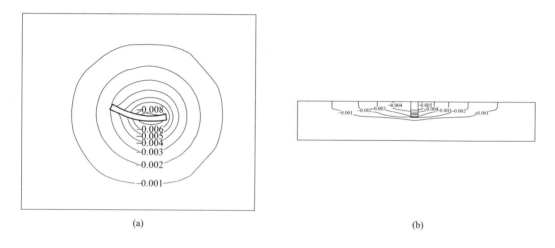

图 5-6　上海地铁 4 号线董家渡修复段基坑降水引起地面沉降等值线图（单位：mm）[260]
(a) 平面图；(b) 剖面图

头埋深在 7.00m 左右、水位变幅 1m 的第Ⅰ承压含水层⑤$_2$ 粉砂夹粉质黏土层；北寺塔站需要降压的目的含水层为埋深在 33.00~37.60m、渗透系数最大为 $1.39×10^{-3}$cm/s、承压水水头埋深在 4.5m 左右、水位变动幅度 1m 的第Ⅰ承压含水层⑦$_2$ 粉土层；竹辉路站需要降压的目的含水层为埋深在 33.00~37.60m、水头标高在 −2.70m 左右、水位变动幅度 1m 的第Ⅰ承压含水层⑤$_2$ 粉砂或粉土层；石湖路站需要降压的目的含水层为埋深 −22.2m、水头标高在 −2.70m 左右、水位变动幅度 1m 的第Ⅰ承压含水层⑤$_2$ 粉砂或粉土层；宝带东路站需要降压的目的含水层为层厚 5.60~30.00m、标贯击数平均值 $N=40.5$、渗透系数为 $(2~6)×10^{-3}$cm/s、水头标高在 −2.70m 左右、水位变动幅度 1m 的第Ⅰ承压含水层⑤$_2$ 粉砂或粉土层。

苏州地铁 4 号线受承压水显著影响的车站及其降水设计值　　表 5-1

编号	车站名称	基坑面积（m²）	单井有效降水面积（m²）	疏干井 井深(m)	疏干井 井数(口)	降压井 井深(m)	降压井 井数(口)
1	红庄站	14600.55	250	23	58	38	24
2	北寺塔站	6265.3	200	31	32	44	6
3	竹辉路站	10334	200	24	53	45	10
4	石湖路站	4018	220	26	18	35	10
5	宝带东路站	6709	250	35	26	疏干井兼作	疏干井兼作

1. 工程背景

下面以红庄站为例，说明具体降水设计及其引起的水位和沉降等值线。

红庄站位于新规划的东吴南路与越湖路丁字交叉口下，为地下双层岛式平行换乘车站，车站基坑长 471m，标准段挖深约 19.5m，端头井开挖约 21.4m。车站支线标准段长 184.4m，宽 13.7m，面积约 2666.36m²；换乘段长 285.2m，宽 43.7m，面积约 12014.54m²。南端头设计地面标高分别为 4.0m，其余设计地面标高为 3.0m。

车站主体围护结构采用 800mm/1000mm 厚地下连续墙，墙深 40m，围护结构隔断了基坑内外含水层的水力联系。车站分为四个区，采用分区开挖的方式，其中 A 区标准段基坑开挖宽度为 13.7m，B、C、D 区标准段开挖宽度为 41.7m。车站周边环境较复杂，住宅区、加油站、供水公司和地下管线均有分布（图 5-7），距离最近 7.8m。

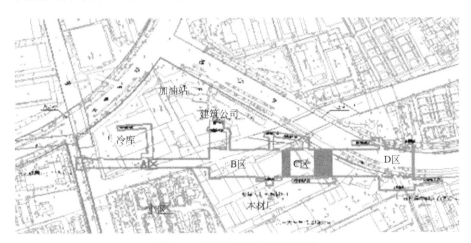

图 5-7　车站基坑及其周围环境

2. 工程地质条件

场地地表以下 70.30m 深度范围内所揭露的土层均为第四纪松散沉积物，A 区地层剖面及降水布置见图 5-8。

承压含水层主要为⑤₂粉砂夹粉质黏土层，该层的隔水顶板为⑤₁粉质黏土层，隔水层底板为⑦₁粉质黏土层，含水层的隔水顶、底板土层均为弱透水层。这三层的基本描述为：⑤₁粉质黏土层：灰色，流塑，水平层理发育，夹较多薄层状粉土或粉砂，下部粉土、粉砂与粉质黏土呈互层状，稍有光泽，干强度中等，韧性中等偏低，无摇振反应。该层压缩性中等偏高，沿线均有分布。⑤$_2$粉砂夹粉质黏土层：灰色，饱和，密实状为主，顶部呈中密状，上部普遍存在 1.0~2.0m 的粉质黏土层。为第四系晚更新统（Q_3^{2-2}）海陆交互相沉积物。其含水量为 24.5%，湿密度 1.95g/cm³，孔隙比 0.713，塑性指数 12.3，液性指数 0.94，压缩系数为 0.161MPa^{-1}，压缩模量 13.09MPa，黏聚力 5.90kPa，摩擦角 33.66°。该层压缩性中等偏低，沿线均有分布。⑦$_1$粉质黏土层：灰色，软塑。薄层理发育，夹少量薄层粉土。稍有光泽，干强度中等，韧性中等，无摇振反应。该层压缩性中等偏高，沿线基本均有分布。

为保护周边民宅及市政管线，地下连续墙按隔断承压水适当加深，隔断内外承压水层水力联系，以减少降承压水对周边环境的附加沉降影响。

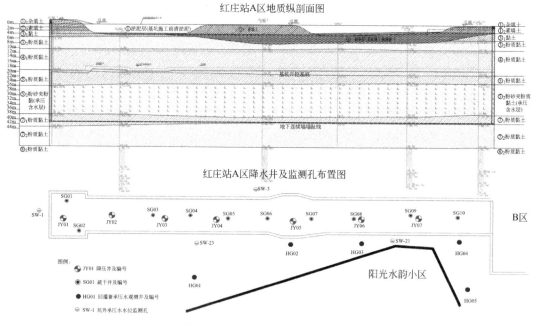

图 5-8　A 区地层剖面及降水布置

3. 数值模拟

根据勘察资料，将场区在垂向上概化为 3 个模拟层，见图 4-1，自上而下分别为：

第 1 层为①$_2$杂填土、①$_3$素填土、①$_4$素填土夹淤泥、③$_1$黏土、③$_2$粉质黏土、④$_1$粉质黏土、⑤$_1$粉质黏土层组成的潜水含水层（承压含水层顶板）；第 2 层为⑤$_2$粉砂或粉土层，该层为本场地主要的承压含水层，含水层顶板位于开挖面以下 3~5m，对基坑开挖影响较大。第 3 层为下部黏质粉土组成的承压含水层底板。

根据水文地质勘察资料，以场地各边向外扩展 500m 设定为定水头补给边界，即模拟区范围为 1450m×1050m×50m（图 5-9）。定水头边界值取勘察报告中苏州市历年微承压含水层最高水位标高−3m（水位埋深约 7m）。基坑围护结构（连续墙）概化为隔水边界，根据设计要求，止水帷幕墙趾标高约−36m，深 40m（图 5-10）。

本次水文地质参数取场地经验值：上部填土、粉质黏土及下层粉质黏土层视作相对隔水层，渗透系数取 0.01m/d；⑤$_2$承压含水层渗透系数取 $k_x = k_y = 12$m/d，$k_z = 4$m/d。

模型建立时充分考虑地层的各向异性。

通过模型的运算分析,将 A 区基坑内地下水位降至设计高程(降深约为 12.2m,标高－15.20m),单井出水量约为 350m³/d,基坑涌水量为 2700m³/d。A 区降水后水位标高等值线如图 5-11 所示,降水在平面上形成围绕连续墙椭圆形漏斗。

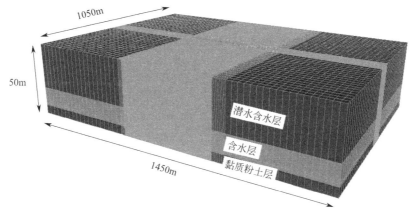

图 5-9 模型三维网格剖分图

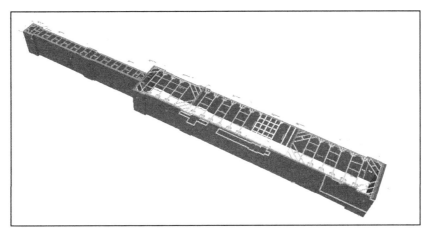

图 5-10 基坑围护结构三维模型

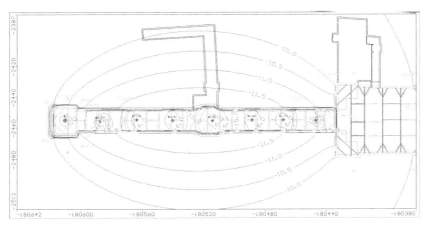

图 5-11 A 区降水后水位标高等值线图(单位:m)

5.2 工程性降水诱发隧道变形的理论分析方法

5.2.1 工程性降水诱发附加应力的简化分析方法

对承压水降水引起土体变形的解析方法不多，龚晓南[26]和张杰[27]根据简化漏斗形状的竖向作用力（图5-12），通过 Mindlin 解的积分得到上覆土层沉降影响的解析公式。

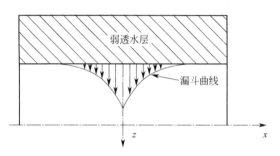

图 5-12 单井抽水产生的附加应力

但该方法主要适合于单井抽水，未考虑承压含水层自身的变形，并不适合常规的工程性降水。区域降落漏斗其实是若干工程性降水或地下水抽取产生的漏斗组成的复合漏斗，工程性降水产生的局部漏斗对地铁隧道的影响如图5-13所示。与图5-12所示的单井抽水有明显不同，其漏斗中心和边缘都较为平缓，并且在剖面上，工程性降水的水位和地面沉降等值线分布更接近梯形（图5-5和图5-6）。按照效果相近的原则等效（降深 $\Delta h =$ 作用力大小 $p/10\times1.6$），可将图5-13（a）所示降水引起的附加应力变化简化为图5-13（b）所示的梯形应力分布模式（根据图5-19，两者最大沉降相差2%，而两者反弯点与对称中心的距离相差约18%）。

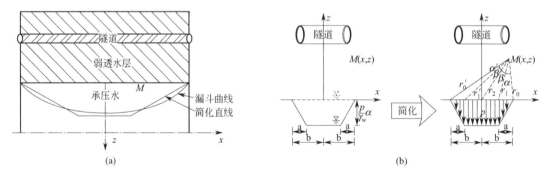

图 5-13 工程性降水引起附加应力的简化方法
(a) 整体图；(b) 局部图

5.2.2 土层沉降解析解

岩土力学中，计算荷载引起的地基附加应力和变形的基本解答有很多，这些解答都是从弹性力学中引入的，半无限空间的经典解答[261-265]主要包括：Boussinesq 解（边界面上受竖向集中力）、Cerruti 解（边界面上受切向集中力）、Mindlin 解（平面内受集中力作用)、Melan 解(平面内受线荷载作用)和 Flamant 解(边界面上受到线荷载作用)。多种求解方法[266-270]已经证明以上这些解答均是严格精确的,并且它们之间也有一定的关系,Mindlin 解可以退化为 Boussinesq 和 Cerruti 解,而 Flamant 解是 Melan 解的一种特殊情况。雷国辉等[271]将 Flamant 解、Melan 解和 Mindlin 解的积分退化公式与有限元结果对比,表明平面位移解的不确定性和多值性。袁聚云和陈甦等[272,273]基于 Mindlin 解对竖向均布荷载[274,275]或三角形荷载作用于地基内部时的土中应力公式进行推导和验证。

梯形作用力下土体沉降和应力解析解详见附录 A。首先,对 Mindlin 解 [图 A-1 和式 (A-7)] 沿着 y 向积分,得到线作用力作用下的沉降 [式 (A-8)];然后,梯形作用力可以分解为如图 5-14 所示,图中 I 型和 II 型三角形的位移积分结果分别为:

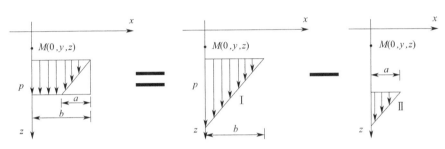

图 5-14 梯形作用力分解示意图

$$w_{21} = \frac{p(1+\nu)}{4\pi E(1-\nu)} \left\{ \frac{\ln D_1}{|z-h|} \frac{b(3-4v)}{2} + \frac{\ln D_2}{|z+h|} \frac{b[8(1-\nu)^2 - (3-4\nu)]}{2} + \right.$$
$$(z-h)^2 \left[\frac{1}{z-h} \arctan \frac{b}{z-h} - \frac{1}{2b} \ln \sqrt{b^2 + (z-h)^2} \right] +$$
$$[(3-4\nu)(z+h)^2 - 2hz] \left[\frac{1}{z+h} \arctan \frac{b}{z+h} - \frac{1}{2b} \ln \sqrt{b^2 + (z+h)^2} \right] +$$
$$\left. 2hz(z+h)^2 \left[\frac{b}{(z+h)^2 [b^2 + (z+h)^2]} + \frac{1}{(z+h)^3} - \frac{1}{b(z+h)^2} + \frac{1}{b[(z+h)^2 + b^2]} \right] \right\}$$
(5-1)

$$w_{22} = \frac{p(1+\nu)}{4\pi E(1-\nu)} \frac{b-a}{b} \left\{ \frac{\ln D_{1a}}{|z-h|} \frac{a(3-4\nu)}{2} + \frac{\ln D_{2a}}{|z+h|} \frac{a[8(1-\nu)^2 - (3-4\nu)]}{2} + \right.$$
$$(z-h)^2 \left[\frac{1}{z-h} \arctan \frac{a}{z-h} - \frac{1}{2a} \ln \sqrt{a^2 + (z-h)^2} \right] +$$
$$[(3-4\nu)(z+h)^2 - 2hz] \left[\frac{1}{z+h} \arctan \frac{a}{z+h} - \frac{1}{2a} \ln \sqrt{a^2 + (z+h)^2} \right] +$$
$$\left. 2hz(z+h)^2 \left[\frac{a}{(z+h)^2 [a^2 + (z+h)^2]} + \frac{1}{(z+h)^3} - \frac{1}{a(z+h)^2} + \frac{1}{a[(z+h)^2 + a^2]} \right] \right\}$$
(5-2)

式中 $D_1 = \alpha b + \sqrt{\alpha^2 b^2 + (h-z)^2}$;$D_2 = \alpha b + \sqrt{\alpha^2 b^2 + (h+z)^2}$,$D_{1a} = \alpha a + \sqrt{\alpha^2 a^2 + (h-z)^2}$;$D_{2a} = \alpha a + \sqrt{\alpha^2 a^2 + (h+z)^2}$。

根据图 5-1,可取 $a = b/2$,上覆土体位移可以通过式 (5-1) 和式 (5-2) 得到:

$$w_q = 2(w_{21} - w_{22})$$
(5-3)

实际工程中,降水也会引起含水层自身的变形,而龚晓南[26]和张杰[27]的方法中近似考虑了上覆土层变形 w_q,可用分层总和法得到含水层的变形:

$$w_a = \sum_{i=1}^{n} \frac{p_i}{E_i} h_i \tag{5-4}$$

式中 p_i、E_i、h_i——第 i 层的应力、弹性模量和厚度。

土层总沉降是上覆土层沉降和含水层沉降的叠加：

$$w = w_a + w_q \tag{5-5}$$

通过数值分析得到的土体沉降等值线及其与土体沉降 w 和上覆土层沉降 w_q 对比分别如图 5-15～图 5-17 所示，可以明显看出，土体沉降呈现"锅底"形分布，中心线上的沉降先增大后减小，最大沉降位于作用力埋深附近，底部的数值模拟沉降为零，这是边界的设置。图 5-16、图 5-17 中均出现"锯齿"形，这应该是因为使用理论解中，作用力对附近的土体影响较大。由图可知，其影响区域主要是受力点周围 $0.5b$ 范围。

由图 5-16 和图 5-17 可知，数值分析的结果与土体沉降差距不大，比土体沉降 w 略小，比上覆土层沉降 w_q 略大，并且数值模拟的结果是以作用力埋深为拐点的两条折线。

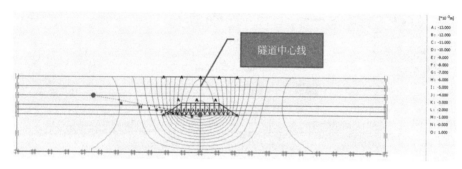

图 5-15　数值模拟得到的土体沉降等值线

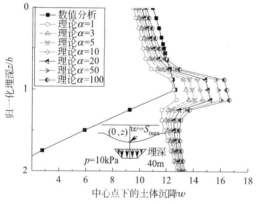

图 5-16　土体沉降 w 与数值分析对比

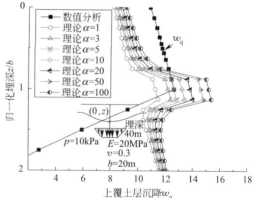

图 5-17　上覆土层沉降 w_q 与数值分析对比

同时理论分析得到的对称中心线上的沉降最大值为：

$$\begin{aligned} w_{\text{max}l} = &\frac{p(1+\nu)}{\pi E} \left\{ \ln(\alpha b + \sqrt{\alpha^2 b^2 + h^2}) \frac{b(1-\nu)}{h} + h \arctan\frac{b}{h} - \frac{h^2}{2b}\ln\sqrt{b^2+h^2} + \right. \\ &\left. \frac{b-a}{b}\left[\ln(\alpha a + \sqrt{\alpha^2 a^2 + h^2})\frac{a(1-\nu)}{h} + h\arctan\frac{a}{h} - \frac{h^2}{2a}\ln\sqrt{a^2+h^2}\right]\right\} \end{aligned} \tag{5-6}$$

数值模拟得到的对称中心线上的最大沉降为：

$$w_{\text{maxs}} = \begin{cases} 1.755z/b + 10.904 & 0 \leqslant z/b \leqslant 1 \\ -12.716z/b + 25.188 & 1 \leqslant z/b \leqslant 2 \end{cases} \quad (5-7)$$

图 5-18 显示了不同埋深的土层沉降，可以看出这些沉降槽的分布较为接近，只是在对称中心附近的最大沉降有所差异，它们基本符合修正高斯曲线：

$$\begin{cases} S(x) = S_{\max} n / \{n - 1 + \exp[\alpha(x/i)^2]\} \\ n = e^{\alpha}(2\alpha - 1)/(2\alpha + 1) + 1 \end{cases} \quad (5-8)$$

其中，i 的平均值约为 34.4m（0.86b），系数 α 的平均值为 0.66。

由作用力和降水条件下的地面沉降（图 5-19）可以看出，后者的参数为：$\alpha = 0.5$，$i = 44.6$。

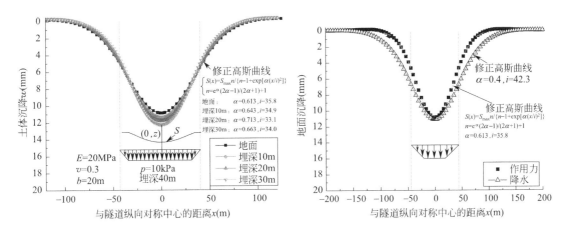

图 5-18　不同埋深的土体沉降　　　　图 5-19　地面沉降的曲线拟合

5.2.3　梯形作用力下的弹性地基梁解析解

本书的理论分析方法主要基于明德林（Mindlin）位移解的梯形作用力作用下竖向应力解析解和温克勒（Winkler）弹性地基梁模型。前者研究天然状态（或隧道无限柔）下梯形作用力所产生的初始位移场，并提取隧道所在位置的位移和应力；后者将纵向隧道看做欧拉-伯努利梁，利用温克勒地基模型探讨施加位移或应力，计算出隧道位移和弯矩。

国内学者将 Mindlin 解积分与 Winkler、Pasternak 和 Kerr 3 种地基梁模型进行结合，得到基坑开挖卸荷对下方既有隧道隆起量的理论解。陈郁等（2005）[276] 通过弹性地基梁理论，得到隧道最大隆起值和纵向曲率半径的计算公式。刘涛等（2009）[277] 考虑了隧道等效刚度、施工卸荷以及加固抑制回弹等因素，并对土体的弹簧系数进行了深度修正。黄栩等（2012）[278] 通过与有限元模拟结果对比确定了合理的 Kerr 地基模型参数选，并对 Winkler、Pasternak 和 Kerr 3 种地基模型的模拟结果进行了对比。宗翔（2016）[279] 通过研究发现，当隧道剪切刚度趋于无穷大时，Kerr 地基上的铁木辛柯梁退化为欧拉-伯努利梁，当隧道等效剪切刚度有效系数 $G \leqslant 1/4$ 时，已建隧道的剪切刚度对其纵向变形和纵向曲率产生显著影响，必须予以考虑。梁荣柱等（2017）[280] 运用 Timoshenko 梁理论与 Mindlin 弹性解相结合，并与有限差分法得到的纵向变形结果进行对比。

1. 温克勒（Winkler）地基梁

Winkler 弹性地基梁模型的特点是提供一个简单的模型来表示地基梁下的土体。Winkler 认为，地基梁下某一点土体的应力与该点挠度成正比。当隧道附加作用广义荷载引起垂直于隧道的附加应力时，可以将隧道纵向看作是分布荷载下的 Winkler 弹性地基无限长梁。根据弹性地基梁静力平衡条件，并引入 Winkler 地基模型：地基沉降与基础梁协调变形 $p=kS$，弹性地基梁的微分方程为：

$$E_{b0} I \frac{\mathrm{d}^4 w}{\mathrm{d}x^4} + KS = q(x) \tag{5-9}$$

式中 E_{b0}、I——梁的弹性模量和截面惯性矩；

K——综合地基基床系数 k 与隧道外径 D 的乘积；

S——挠度值；

q——梁上的附加应力；

x——计算截面到梁中点的距离。

其对应齐次方程的通解为：

$$\begin{aligned}S &= \mathrm{e}^{\lambda x}(A_1\cos\lambda x + A_2\sin\lambda x) + \mathrm{e}^{-\lambda x}(A_3\cos\lambda x + A_4\sin\lambda x) \\ \text{或 } S &= B_1\mathrm{ch}\lambda x\cos\lambda x + B_2\mathrm{ch}\lambda x\sin\lambda x + B_3\mathrm{sh}\lambda x\cos\lambda x + B_4\mathrm{sh}\lambda x\sin\lambda x\end{aligned} \tag{5-10}$$

式中 $\lambda = \sqrt[4]{\dfrac{K}{4EI}}$——特征系数；

A、B——待定积分常数。

考虑无限远处梁的挠度为 0，以及梁的位移与内力也具有对称性，得到 $A_1 = A_2 = 0$，$A_3 = A_4 = q\lambda/2K$，则上式可以简化为：

$$S = \frac{q\lambda}{2K}\mathrm{e}^{-\lambda x}(\cos\lambda x + \sin\lambda x) \tag{5-11}$$

对于附加分布荷载 $q(x)$ 作用下的隧道，则对 x 轴上的一点 ξ，作用的集中荷载为 $q(\xi)\mathrm{d}\xi$，该荷载引起隧道轴线上任意点 x 的位移 $\mathrm{d}w(x)$ 为：

$$\mathrm{d}S(x) = \frac{q(\xi)\lambda}{2K}\mathrm{e}^{-\lambda|x-\xi|}(\cos\lambda|x-\xi| + \sin\lambda|x-\xi|)\mathrm{d}\xi \tag{5-12}$$

对上式在隧道附加分布作用力范围内积分，则得到方程（5-9）的解为：

$$S(x) = \int_{-\infty}^{+\infty}\mathrm{d}S(x) = \frac{\lambda}{2K}\int_{-\infty}^{+\infty}q(\xi)\mathrm{e}^{-\lambda|x-\xi|}(\cos\lambda|x-\xi| + \sin\lambda|x-\xi|)\mathrm{d}\xi \tag{5-13}$$

上式即为隧道纵向变形的计算公式。

同时，可以得到相应的隧道纵向曲率半径为：

$$\begin{aligned}\rho &= S''(x) = \frac{\lambda^3}{K}\int_{-\infty}^{+\infty}q(\xi)\mathrm{e}^{-\lambda|x-\xi|}(\cos\lambda|x-\xi| + \sin\lambda|x-\xi|)\mathrm{d}\xi \\ &= 2\lambda^2 S(x)\end{aligned} \tag{5-14}$$

Klar[281] 建议基床系数为：

$$K = \frac{12Er}{i} \tag{5-15}$$

式中 E——土体的杨氏模量；

r —— 圆形地基梁的半径；

i —— 地基梁的反弯点到中心点的距离。

而 Yu 等[282]认为，考虑深度的基床系数可以表达成：

$$K=\frac{3.08}{\eta}\frac{E}{1-\nu^2}\sqrt[8]{\frac{EB^4}{E_{b0}I}} \quad (5\text{-}16)$$

式中 $E_{b0}I$ —— 地基梁的抗弯刚度；

$B=2b_0$ —— 梁宽度；

ν —— 泊松比；

η —— 考虑深度的参数：

$$\eta=\begin{cases}2.18 & h/B\leqslant 0.5 \\ \left(1+\dfrac{1}{1.7h/B}\right) & h/B>0.5\end{cases} \quad (5\text{-}17)$$

式中 h —— 地基梁的埋深。

同时，根据《城市轨道交通岩土工程勘察规范》GB 50307—2012[283]确定的综合地基基床系数 k 的经验值见表 5-2。

基床系数的经验值   表 5-2

岩土类别	状态/密实度	基床系数k(MPa/m)
软土、淤泥质土、有机土		1~10
黏土	流塑、软塑、可塑、硬塑、坚硬	4~10/8~22/20~45/30~70/55~90
粉土	稍密、中密、密实	11~20/15~35/25~70
砂土	松散、稍密、中密、密实	5~15/12~30/20~40/25~65
圆砾、角砾	稍密、中密、密实	15~40/25~60/60~80
卵石、碎石	稍密、中密、密实	20~60/35~100/50~120

2. 梯形作用力下的弹性地基梁计算方法

两阶段分析法中，第一阶段得到无隧道时的初始土体位移和应力分布，并等效为荷载分布作用于第二阶段的弹性地基梁上，得到隧道变形和弯矩分布。

当引入如下假设时，隧道受力可以简化为欧拉-伯努利梁，并利用弹性地基梁进行理论分析。

(1) 土体为线弹性、均质、各向同性；

(2) 隧道存在对土体的影响可以忽略不计；

(3) 隧道与土壤保持刚性接触；

(4) 隧道周围土体位移较小，从而确保满足小变形假设；

(5) 梯形作用力宽度相比模型的长宽和埋深以及隧道长度均较小。

对于 Winkler 地基梁，集中载荷 q 在距离原点 t 的位置处产生的弯矩 M 如下[281]：

$$M=\frac{p}{4\lambda}\exp(\lambda t)[\cos(\lambda t)-\sin(\lambda t)] \quad (5\text{-}18)$$

无限小微分作用力 q 可以表示为：

$$\begin{cases} q(x)=Kw(x)=w_{\max}n/\{n-1+\exp[\alpha(x/i)^2]\}K \\ n=e^{\alpha}(2\alpha-1)/(2\alpha+1)+1 \end{cases} \quad (5\text{-}19)$$

式中 x——与隧道纵向对称中心的距离。

上式联立式（5-6）或式（5-7）可得：

$$\begin{cases} q(x)=Kw(x)=w_{\max}n/\{n-1+\exp[\alpha(x/i)^2]\}K \\ n=e^{\alpha}(2\alpha-1)/(2\alpha+1)+1 \\ w_{\max}=\dfrac{p(1+\nu)}{\pi E}\left\{\ln(\alpha b+\sqrt{\alpha^2 b^2+h^2})\dfrac{b(1-\nu)}{h}+h\arctan\dfrac{b}{h}-\dfrac{h^2}{2b}\ln\sqrt{b^2+h^2}\right. \\ \left.+\dfrac{b-a}{b}\left[\ln(\alpha a+\sqrt{\alpha^2 a^2+h^2})\dfrac{a(1-\nu)}{h}+h\arctan\dfrac{a}{h}-\dfrac{h^2}{2a}\ln\sqrt{a^2+h^2}\right]\right\} \end{cases} \quad (5\text{-}20)$$

或 $\quad q(x)=Kw(x)=w_{\max}n/\{n-1+\exp[\alpha(x/i)^2]\}K \quad (5\text{-}21)$

式中 $n=e^{\alpha}(2\alpha-1)/(2\alpha+1)+1, w_{\max}=\begin{cases}1.755z/b+10.904, 0\leqslant z/b\leqslant 1\\-12.716z/b+25.188, 1\leqslant z/b\leqslant 2\end{cases}$，$i$ 可取为 34.4m，系数 α 可取为 0.66，K 可取 5.85×10^4 kN/m^2，λ 为 0.164m^{-1}。

再联立式（5-13）即可得到沿着纵向的隧道变形。

图 5-20 为理论分析和数值模拟得到的隧道变形对比，两者差距不大，相对误差为 $-38\%\sim 8\%$，平均差值为 10% 左右；当 x 位于 $0\sim i$ 的范围内，理论解析解大于数值分析得到的变形；而 x 在此范围外时，则相反。

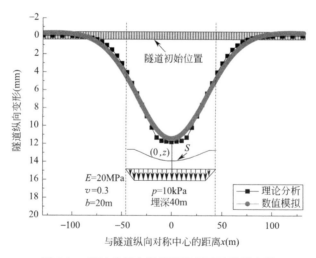

图 5-20 理论分析和数值模拟得到的隧道变形

5.3 工程性降水条件下地铁隧道结构响应规律的数值分析研究

由于理论分析是基于纵向隧道的，所以采用二维有限元模型首先对隧道纵向变形（图 5-21）的影响因素（包括土体弹性模量 E、作用力埋深 z_L、接触系数 R_i、隧道埋深 z_{tA}、作用力宽度 b 和 a/b）进行分析。

5.3.1 模型建立

影响因素较多，所以需要建立一个基本有限元模型（图 5-21），再控制单因素变量。综合考虑归一变量，基本模型长 400m，高 80m；隧道长度 l 为 400m，直径 D 取平均值 5.85m，埋深 z_{tA} 为 20m，等效抗弯刚度为 $2.02\times10^7 \text{kN}\cdot\text{m}^{-2}$；梯形作用力埋深 z_L 取 40m，考虑模型长度和埋深，作用力宽度 $b=40\text{m}$（6.84D），短边半宽 $a=20\text{m}$（3.42D），其值取为 100kPa（即水头降低 10m）。土体弹性模量 $E=20$MPa，黏聚力 $c=20$kPa，内摩擦角 $\varphi=20°$，接触系数 R_i 取 0.8[284]；共 5760 个节点，624 个单元。

模型两侧固定水平向位移，模型底部采用固定位移。

需要注意的是，某盾构隧道弯矩控制值从小至大依次为：0.15mm 管片裂缝宽度的控制弯矩、接头螺栓弹性极限弯矩、管片极限弯矩和接头螺栓破坏极限弯矩分别为 100kN·m、125kN·m、136kN·m 和 154kN·m，其中黄沙至长寿路站的地铁盾构隧道的总控制弯矩值为 125kN·m。隧道的水平和竖向的位移预警值为 15mm 和 16mm，控制值为 20mm；隧道道床的预警值和控制值为 4mm 和 6mm[285]。同时，根据简化弹性空间法，对于厚度为 H，弹性模量为 E，泊松比为 ν 的地基，地基的参数 $k=4E/3H$[286]。针对集中作用力作用下的隧道，可以采用参数：$H=25$m，$E=19200$kPa，$\nu=0.3$，隧道直径 $D=10.45$m，抗弯刚度 $EI=1.218\times10^9 \text{kN}\cdot\text{m}^2$，作用力 $P=100$kN/m[278]。其中，纵向刚度有效率取为 1/7[154]。经过计算可得特征系数 α 为 0.0385，根据长梁的定义，超过 71m 的隧道可视为长梁；可以用欧拉-伯努利梁近似表示隧道。

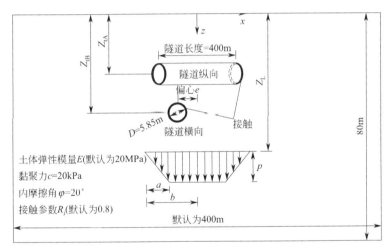

图 5-21 有限元模型

5.3.2 工程性降水诱发隧道纵向受力变形分析

1. 地基土弹性模量

地基土弹性模量 E 对隧道纵向归一化弯矩 $M/M_{0,s,\max}$（$M_{0,s,\max}=194.351$kN·m）为基本模型，最大正弯矩影响如图 5-22、图 5-23 所示，曲线类型与上述章节所示模型试验和三维数值模拟以及本章理论分析结果相似，归一化位移基本满足高斯曲线，归一化弯矩在隧道纵向对称中心取得正弯矩最大值，$y=\pm 33\text{m}$（$0.8b$，b 为作用力宽度）附近取得反向弯矩,在 $y=\pm 56\text{m}$（$1.4b$）附近得到最大负弯矩。由图 5-23 可以根据土体弹性模量的范围确定弯矩,并且弯矩比位移更加集中,这可能是由于隧道刚度比土体大得多；并且,随着弹性模量 E 的增加,隧道的弯矩和沉降减小速度放缓。

土体弹性模量 E 对隧道横向的影响很小,但对隧道纵向的影响较大,因为隧道直径 D 相对作用力宽度（$8.6D$）较小,而隧道纵向的长度与土体长度相同。

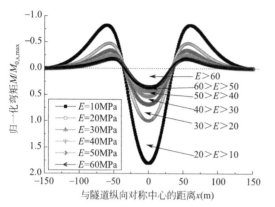

图 5-22　地基土弹性模量与隧道
纵向归一化弯矩的关系

图 5-23　不同土体弹性模量引起隧道
纵向的最大弯矩

2. 作用力埋深

不同作用力埋深引起沿着隧道纵向的弯矩分布和最大弯矩如图 5-24 和图 5-25 所示。可以看出,随着作用力埋深的增加,引起纵向隧道的弯矩先增大,并且在 $z_L=20\text{m}$ 时达到最大值 1.70,然后逐渐减小至 0.39；这是因为隧道埋深为 20m。

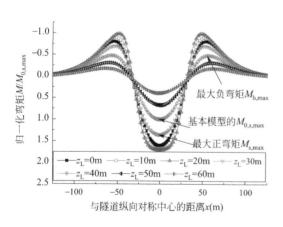 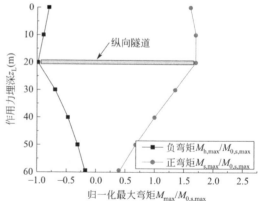

图 5-24　不同作用力埋深引起隧道纵向的弯矩分布　　图 5-25　不同作用力埋深引起隧道纵向的最大弯矩

3. 隧道埋深

作用力（位于 40m 深度）引起不同埋深的归一化最大弯矩如图 5-26 所示,随着隧道埋深的增加,最大位移和弯矩基本都直线增加；这可以用作用力埋深（位于 40m 处）比隧道埋深大 12～30m 来解释。

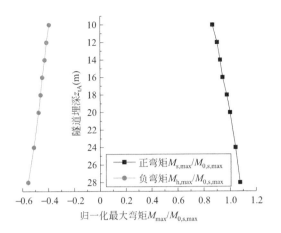
图 5-26　归一化最大弯矩与隧道埋深的关系

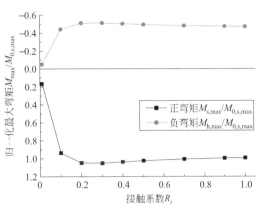
图 5-27　归一化最大弯矩与接触系数的关系

4. 接触系数

为了考虑隧道-土的相互作用,模拟中将隧道管片与土体之间设置接触,用接触系数 R_i 来表示,其定义一个与参数相关的强度折减因子:

$$c_i = R_i c_{soil} \tag{5-22}$$

$$\tan\varphi_i = R_i \tan\varphi_{soil} \tag{5-23}$$

式中　下标 soil 表示土体原有参数。

考虑隧道-土接触的最大纵向弯矩如图 5-27 所示,随着接触系数的增加,弯矩先快速增大,并在 $R_i=0.2$ 左右达到最大值,之后缓慢减小并趋于稳定。这是因为 R_i 越大,越接近刚性;反之,则越接近"光滑"接触。

5. 作用力宽度

作用力宽度(埋深 40m)对隧道纵向的影响(图 5-28)较为复杂,随着归一化作用力宽度 $2b/l$(作用力宽度/隧道长度的一半)的增加,隧道纵向归一化位移的值和宽度逐渐增加(当 $2b/l \leqslant 1$)。隧道弯矩沿着隧道纵向的分布首先呈现常规的"M"形分布(当 $2b/l \leqslant 1/3$),然后最大负弯矩几乎不变而最大正弯矩逐渐减小,呈"W"形分布(当 $1/3 < 2b/l < 1$);当 $2b/l < 1$ 时,负弯矩基本消失,正弯矩呈"拉长"的"W"形分布;最后呈现出"锅盖"形分布(当 $1 < 2b/l \leqslant 2$),这与隧道变形的变化是相符的。

出现该现象的原因首先是,当线性隧道对于作用力宽度较长时,边界约束了梁的旋转,它类似于固定端弯矩为零的固端梁;线性隧道对于作用力宽度较短时,隧道更多地会随着周围土体运动,如果固定两端,则其弯矩的分布类型类似于固定端弯矩为较大的固端梁;若两端自由,则类似于固定端弯矩为零的简支梁。

同时归一化最大弯矩(当 $2b/l=0.15$,在 $x=0$ 处取得)也随着 $2b/l$ 的增大而逐渐增大至 1.11,然后逐渐减小;之后,$x=0$ 处的弯矩随着作用力宽度的增大而逐渐减小至零附近(当 $1 \leqslant 2b/l \leqslant 2$),最大正弯矩为 $2b/l \leqslant 1/3$ 时均在 $x=0$ 处,然后逐渐远离隧道中轴线并且逐步减小。最大负弯矩也随着作用力宽度的先增大,并在 $b=50$m 取得最大值 -0.52,然后逐渐减小至 -0.03。

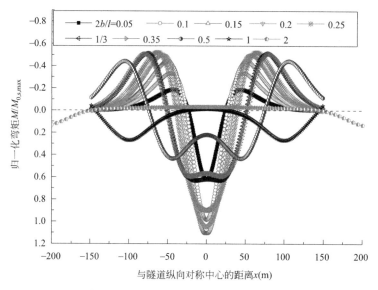

图 5-28 作用力宽度对归一化弯矩的影响

6. 梯形作用力短边/长边

梯形作用力短边与长边之比 a/b（a 和 b 的定义详见图 5-21），其对纵向隧道归一化最大位移以及最大弯矩的关系如图 5-29、图 5-30 所示。可知，随着 a/b 的增大，位移和最大负弯矩逐渐线性减小，正弯矩先增大后减小，但变化不大。这是因为，当 $a=0$ 时，梯形作用力为均布作用力；当 $a=1$ 时，梯形作用力为对称三角形作用力；随着 a/b 的增大，总作用力其实逐渐减小；但最大正负弯矩变化不大，应该是因为隧道与作用力相距较远（20m）的缘故。

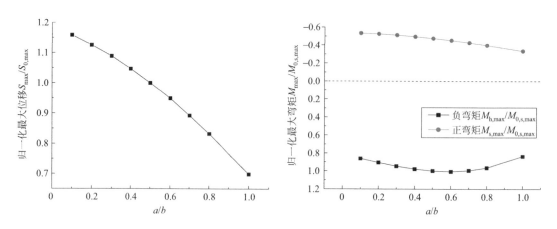

图 5-29 a/b 与归一化最大位移的关系   图 5-30 a/b 与归一化最大弯矩的关系

5.3.3 工程性降水诱发隧道横向受力变形分析

隧道横截面的影响因素包括作用力埋深 z_L、隧道埋深 z_{tA}、接触系数 R_i 和隧道偏离中轴线的距离 e，对其进行分析。

隧道横向的基本有限元模型见图 5-21，模型长 400m，高 80m；隧道长度直径 D 为

5.85m，隧道中心埋深 z_{tB} 为 20m，等效抗弯刚度为 $5.01×10^8 kN/m^2$；梯形作用力埋深 z_L 取 40m，作用力半宽 $b=50m$（8.55D），短边半宽 $a=25m$（4.27D），其值取为 10kPa（即水头降低 1m）。土体弹性模量 $E=20MPa$，黏聚力 $c=20kPa$，内摩擦角 $\varphi=20°$，接触系数 R_i 取 0.8[284]；共 3933 个节点，462 个单元。

模型两侧固定水平向位移，模型底部采用固定位移。

本节弯矩的正负规定是：向隧道内为正，向隧道外为负（图 5-32）。

1. 作用力埋深

典型作用力埋深引起的隧道弯矩如图 5-31 所示。很显然可以看出，与隧道纵向不同的是，隧道弯矩类型也逐渐变化：

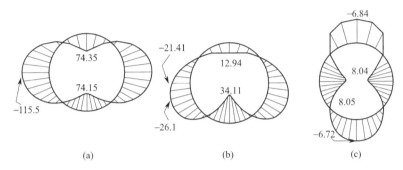

图 5-31 典型作用力埋深引起的隧道弯矩（单位：kN）
(a) 0m；(b) 25m；(c) 30m

作用力埋深 $z_L ≤ 25m$（4.27D）时，隧道周围弯矩基本上是"∞"形（拱侧为负弯矩，拱顶和拱底为正弯矩）；$z_L > 30m$（5.13D）时，弯矩呈现出"8"形（拱侧为正弯矩，拱顶和拱底为负弯矩）。

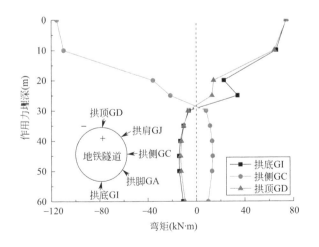

图 5-32 不同作用力埋深引起的隧道弯矩分布

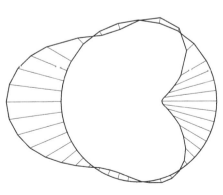

图 5-33 位于地面的作用力引起的隧道水平位移示意

由图 5-31 可知，拱底、拱顶和拱侧的弯矩具有代表性，随着作用力埋深的变化如图 5-32 所示。由图可知，作用力在地面上时，对埋深 20m 的隧道影响最大，引起隧道侧壁的最大弯矩为−115.5kN·m（甚至接近控制弯矩 125kN·m，因为区域降水往往不可能在地面），隧道拱顶的弯矩为 74.35kN·m。作用力埋深 $z_L \leqslant 25m$ 时，随着 z_L 的增大，弯矩减小；直到 30m 时弯矩反向，之后几乎保持不变，并且拱顶、拱底和拱侧弯矩的绝对值在 8kN·m 左右。除了埋深 25m 外，拱侧位移的绝对值均大于拱顶和拱底；其原因是作用力引起的竖向变形沿着隧道几乎不变，但水平位移在拱顶和拱底几乎为零，而拱侧水平位移最大（图 5-33）。

2. 隧道埋深

作用力（位于 40m 深度）引起不同埋深的隧道弯矩如图 5-34 所示。可以看出，随着埋深的增加，弯矩几乎线性减小。沿着隧道的弯矩分布基本呈"8"形（未显示），拱顶和拱底为负弯矩，拱侧为正弯矩；其解释为作用力较深，对上部隧道的影响趋势一致。需要注意的是，当隧道埋深超过 24m 时，拱脚弯矩开始超过拱底和拱底弯矩（约大 3.8%）且最大；至 28m 时，拱肩弯矩最大，达到拱顶弯矩的 1.73 倍。

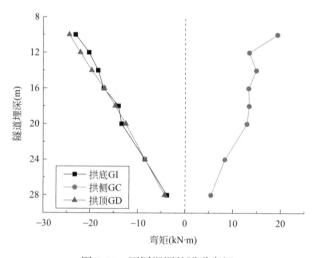

图 5-34 不同埋深的隧道弯矩

3. 接触系数

考虑隧道-土的相互作用，隧道管片与土体的接触简化为接触系数 R_i。考虑隧道-土接触的隧道弯矩（沿着隧道的弯矩分布基本呈"8"形，类似图 5-31c，未显示）如图 5-35 所示，由此可以看出，随着接触系数的增加，弯矩逐步减小；这是因为 R_i 越大，越接近刚性，反之则越接近"光滑"接触。随着 R_i 增大，弯矩急剧减小；但在 $R_i=0.3$ 之后，弯矩几乎不变。综上所述，当 $R_i>0.3$ 时，接触系数影响不大；反之，则影响较大。

4. 偏心率 e/b

本节定义偏心率为隧道偏离中轴线的距离与作用力宽度之比 e/b，如图 5-21 所示。

典型偏心率条件下隧道的弯矩见图 5-36，随着偏心率 e/b 的增大，最大负弯矩迹线（最大负弯矩的连线，并且与最大正弯矩的连线几乎垂直）似乎在绕着隧道圆心作顺时针旋转：具体而言，当 $e/b=0$ 时，最大负弯矩迹线竖直；$1.5>e/b\geqslant 0.1$ 时，最大负弯矩迹线（简称迹线）逐渐向右旋转，假设以隧道中心为象限圆心，则迹线位于一、三象限；$e/b=1.5$ 时，最大负弯矩迹线几乎水平；$e/b>1.5$ 时，迹线继续旋转，假设以隧道中心

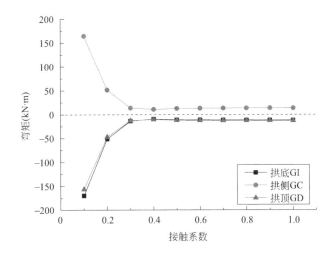

图 5-35　考虑隧道-土接触的隧道弯矩

为象限圆心,则迹线位于二、四象限。这一现象应该是与隧道周围土体的位移分布以及隧道和土的相互作用相关的。

不同偏心率条件下隧道的最大弯矩的绝对值和最大总位移如图 5-37 所示,周围最大弯矩的绝对值随着偏心率的增加,先增大（$0.7 \geqslant e/b > 0$）后减小（$2 \geqslant e/b > 0.7$）；这应该也是与隧道周围土体的位移分布相关。最大总位移先缓慢减小后快速减小,最后增速放缓；当 $e/b=2$ 时,最大总位移为 0.55mm,弯矩为 7.18kN·m,可以忽略不计,所以可以认为作用力的影响范围为作用力的宽度。偏心率为 0.5 时的隧道竖向和水平向位移示意如图 5-38 和图 5-39 所示,竖向位移（最大值 -5.7mm）几乎保持不变,而水平向位移则从拱底到拱顶逐渐增大至 0.89mm,虽然最大竖向位移约是水平向位移的 6.4 倍,但足可以在弯矩中体现出来。

综合图 5-36～图 5-39 可以看出：由于作用力为 $a/b=0.5$ 的梯形分布（图 5-21）,所以当隧道在水平向上位于作用力/漏斗中心（$0.45 \geqslant e/b > 0$）时,隧道最大负弯矩迹线位于一、三象限,似乎顺时针旋转,并且最大负弯矩逐渐增大；当位于梯形作用力/漏斗坡顶点附近（$0.7 \geqslant e/b > 0.45$）时,迹线位于一、三象限,满足顺时针旋转,最大负弯矩继续增大并在偏心率为 0.7 时,最大负弯矩达到 -33.27kN·m（约为未偏心时最大负弯矩的 2.5 倍）；当位于作用力/漏斗边缘（$1.0 \geqslant e/b > 0.7$）时,迹线继续位于一、三象限,满足顺时针旋转,最大负弯矩逐步减小；当 $e/b=1.0$ 的时,最大负弯矩为 -25.42kN·m（约为未偏心时最大负弯矩的 1.9 倍,偏心率为 0.7 时最大负弯矩的 0.76）；如果位于梯形作用力/漏斗外 1 倍范围内（$2 \geqslant e/b > 1$）时,最大弯矩逐渐减小,但从 $e/b=1.5$ 开始迹线逐步过渡到位于二、四象限,可是继续满足顺时针旋转,基本稳定在 ±7kN·m 范围内,可以认为影响较小。

值得注意的是,土体弹性模量对 A 型纵向隧道的影响比 B 型大得多,对后者的影响很小,因为隧道直径 D 相对作用力宽度（17.1D）较小。随着弹性模量 E 的减小,隧道几乎均匀沉降,横截面上各点弯矩几乎不变。

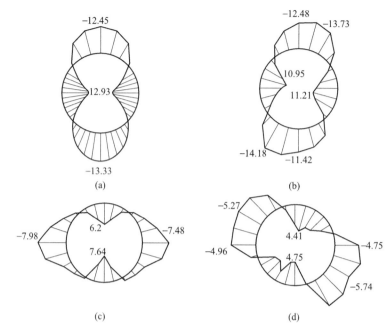

图 5-36 隧道弯矩（单位：kN）

(a) $e/b=0$；(b) $e/b=0.1$；(c) $e/b=1.5$；(d) $e/b=1.6$

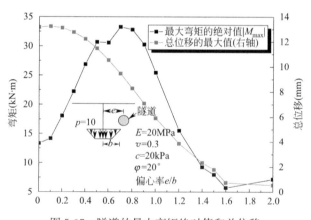

图 5-37 隧道的最大弯矩绝对值和总位移

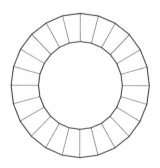

图 5-38 偏心率为 0.5 时的隧道竖向位移示意

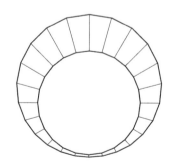

图 5-39 偏心率为 0.5 时的隧道水平位移示意

5.4 本章小结

本章将工程性降水引起的附加应力分布形式简化为梯形，基于 Mindlin 位移解推导了梯形作用力引起的土体和隧道沉降以及隧道弯矩的理论解，讨论了土层沉降的影响因素，并结合莫尔-库仑模型和隧道-土相互作用的数值模拟等方法，对水位下降引起隧道、土体的变形和受力进行分析，考虑土体弹性模量 E、作用力埋深 z_L、接触系数 R_i、隧道埋深 z_{tA}、作用力宽度 b、梯形作用力短边与长边比值 a/b 和偏心率 e/b 等影响因素，结果表明：

（1）梯形作用力下的土层沉降解析解包括上覆土层沉降和承压含水层变形，它比数值分析的结果略大，其中沿着隧道纵向的沉降可以用修正高斯曲线，沿着深度的沉降可以用折线表示；理论分析和数值模拟得到的隧道变形的相对误差为 $-38\%\sim 8\%$，平均差值为 10% 左右；当 x 位于 $0\sim i$ 的范围内，理论解析解略大于数值分析得到的变形，而 x 在此范围外时，则相反。

（2）隧道纵向归一化弯矩 M_L 与接触系数 R_i 和作用力宽度 b 呈非线性关系，而与土体弹性模量 E、隧道埋深 z_{tA} 和作用力埋深 z_L 几乎呈线性关系。

（3）随着 R_i 的增加，M_L 先快速增大，在 $R_i=0.2$ 时达到最大值，之后趋于稳定。随着归一化作用力宽度 $2b/l$（作用力宽度/隧道长度）的增加，M_L 的分布首先呈常规的"M"形（$2b/l \leqslant 1/3$），然后呈"W"形（$1/3 < 2b/l < 1$）；当 $2b/l < 1$ 时，负弯矩基本消失，正弯矩呈"拉长"的"W"形分布；最后，呈"锅盖"形（当 $1 < 2b/l \leqslant 2$）。

（4）随着 z_{tA} 的增大，最大正负弯矩基本满足成比例减小。随着 z_L 的增大，M_L 先增大，在 $z_L=20$m 时达到最大值，之后逐渐减小。

（5）隧道横向弯矩 M_C 与 z_L、R_i 和偏心率 e/b 呈非线性关系，与 E 和隧道埋深 z_{tB} 几乎呈线性关系。

（6）作用力埋深 $z_L \leqslant 25$m 时，隧道周围弯矩基本上是"∞"形（拱侧为负弯矩，拱顶和拱底为正弯矩）；$z_L > 30$m 时，弯矩呈现出"8"形。作用力埋深 $z_L \leqslant 25$m 时，随着 z_L 的增大，弯矩减小；直到 30m 时，弯矩反向，之后几乎保持不变。随着 R_i 增大，弯矩急剧减小；但在 $R_i=0.3$ 之后，弯矩几乎不变。偏心率 e/b 对隧道横向弯矩影响较大，当 $0.7 \geqslant e/b > 0$ 时，最大负弯矩迹线位于一、三象限，似乎顺时针旋转，并且最大负弯矩逐渐增大至 -33.27kN·m（约为未偏心时最大负弯矩的 2.5 倍）；当位于作用力/漏斗边缘（$1.0 \geqslant e/b > 0.7$）时，迹线继续位于一、三象限，满足顺时针旋转，但负弯矩逐步减小；当 $2 \geqslant e/b > 1$ 时，弯矩逐渐减小，从 $e/b=1.5$ 开始迹线顺时针旋转并逐步过渡为位于二、四象限，最后基本稳定在 ± 7kN·m 范围内，弯矩主要影响范围为 $2b$。

第6章 地铁隧道工程地下水灾变控制策略与方法研究

本章首先针对区域性地下水抽取诱发地面沉降风险的防控措施进行综述,然后针对目前基坑及地下工程建设中问题比较严重的工程性降水环境影响及其控制措施进行了深入分析,尤其是在不同工程性降水-止(截)水模式条件下地下水及地面沉降规律系统分析基础上,提出止水帷幕的设计参数建议,最后还结合具体工程实例,分析了典型工程性降水(深基坑)对临近隧道、高铁桩基及建筑物基础等地下结构物的影响及相应控制措施,对工程性地下水抽取的环境保护具有重要的参考价值。

6.1 长三角南部地区区域性地下水降水环境影响防控措施分析

如前文所述,苏锡常地区及上海地区是长江三角洲南部平原地面沉降最为严重的地区,根据长三角南部地区地下水位及地层变形发生发展规律的全面调查分析,其地下水位的变动模式可归纳为如下五种:水位等幅变动、持续波动下降并低于历史最低水位、小范围波动上升、小范围波动下降但高于历史最低水位和持续波动上升。以苏锡常地区为例,在2000年以前,并且由于地下水和地面沉降的不均一性,在局部地区会产生新的灾变,如地裂缝、地面塌陷等(图6-1)。

图6-1 地下水抽取-地面沉降诱发典型环境灾害[214](一)
(a) 桥梁净空减小;(b) 洼地积水;(c) 河水位上升;(d) 道路及房屋开裂

第6章 地铁隧道工程地下水灾变控制策略与方法研究

图 6-1　地下水抽取-地面沉降诱发典型环境灾害[214]（二）
(e) 地裂缝；(f) 地面塌陷

解决开采地下水引起的地面沉降问题进而减弱地层变形对地铁隧道等地下结构物的不良影响，其根本途径必然是从控制地下水开采入手。目前，主要采用两种技术思路：控制开采量（包括人工回灌）和调控开采层位。为控制区域内地下水开采诱发地面沉降风险，2000年后，苏锡常地区主要采取了如下几个方面的应对措施：

（1）地下水资源的科学合理利用及调配管理：苏锡常地区为应对中心城区地下水位漏斗逐年下降的危机，从20世纪90年代中期开始限采地下水，但在执行过程中，出现了主城区限采，郊县扩大开采的现象，导致地下水位漏斗的扩大。2000年江苏省人大作出在苏锡常地区实施地下水禁采的决定，在苏锡常地区全面禁止开采深层地下水，为确保禁采目标如期实现，苏锡常三市分期有序实施了封井停采计划，同时开辟新水源，扩建供水管网[214]。

（2）系统性监测与预警工作：主要通过水准测量、GPS测量和InSAR测量三种途径来实现区域地面沉降的动态监测，根据前述苏锡常地区地面沉降（2003～2010年）的InSAR测量结果，禁采后有效地控制了区域内地面沉降及其次生地质灾害的进一步蔓延。

（3）加强浅层地下水资源开发利用的研究及管理工作：2000年前苏锡常地区以开采深层地下水为主，而实际上区域内以微承压水为主体的浅层地下水资源也比较丰富，该层水未引起重视，但目前长三角区域经济的快速发展对地下水的需求逐年增加，同时大规模地下空间开发建设过程中不可避免地要进行浅层地下水抽取，即工程性降水，这些都亟需研究浅层地下水工程性降水诱发的不良环境地质问题。

（4）人工回灌：是控制和缓解地面沉降较有效措施之一，方法简单、技术可行，回灌和开采在季节上交替进行，可充分利用含水层特有的储能功能，起到储水储能的综合效果。但区域性人工回灌-地下水位上升对地铁隧道等地下结构物的影响尚需进一步研究，科学论证回灌的可行性。

在采取上述一系列措施后，尤其是禁采深层地下水，使得苏锡常大部分地区深层地下水水位持续回升，地面沉降势头得到了快速、有效的遏制，地裂缝活动也相应趋于稳定。调查显示，截至2016年，苏锡常地区大部分地区地面沉降速率小于5mm/a，吴江南部、江阴南部、武进南部三个沉降区最大沉降速率分别为30mm/a、15mm/a、10mm/a，沉降速率大于 20mm/a 的区域面积为 12.9km²，主要分布在吴江南部。根据沉降速率可将苏锡常地区分成显著控制区、明显控制区及成效轻微地区。

通过接近 20 年的防控，苏锡常地面沉降形势明显好转，全区出现不同程度的减缓特征，呈现出新的分布格局。原来三市连成一片的年沉降格局发生了改变，正由集中转向分散，一些人口集中、经济发达的中心镇正以新的地面沉降漏斗或条带状形态渐渐显现出来。以苏州为主体的东部地区年沉降量开始缩小至 10mm 以内，常州-无锡地区年平均沉降速率约从 25mm 减小至 15mm。现状中的区域性沉降（大于 5mm/a）主要分布在常州南部、锡西-澄南地区和吴江南部地区。年沉降量大于 10mm 的地区有常州牛塘、前黄、礼嘉，江阴南部的璜塘、文林，无锡东部的东港镇，吴江南部的汾湖、盛泽、震泽等地，面积约 500km²。

但同时通过监测、勘查研究发现，苏锡常地区地面沉降出现一些新的问题需要加强研究，具体包括：

（1）局部地面沉降依然严重：虽然区域性地面沉降得到有效控制，但在一些局部区域仍然存在明显的沉降现象，如吴江南部、江阴南部以及常州南部，这些地区年沉降量都在 10mm 以上。

（2）浅层地下水开采量增加，浅部地面沉降突出：苏锡常地区过去的限采和禁采针对的是深部地下含水层（在苏锡常地区即指第Ⅱ承压含水层），当深部水土应力重新达到平衡后，浅部地层的释水压密则成为本地区的主要沉降来源。分析认为，现有沉降量集中于地面以下 28m 内的地层中，主要归咎于城市地下空间开发建设和浅层地下水开采活动，尤其是 2000 年以来，苏锡常地区大规模的地下空间开发建设过程中的工程性降水对浅层地下水系统的扰动影响不容忽视。因此，浅层地下水工程性降水诱发地层变形及其对周边环境的影响应成为苏锡常地区目前乃至今后防控的重点。

6.2 工程性降水-止（截）水模式对地下水流场及周边环境影响分析

6.2.1 不同止水帷幕插入深度时降水渗流特征及其对周边环境影响预测分析

深基坑及各类地下工程的地下水控制方法主要分为两大类：止水（悬挂式止水帷幕或隔断式止水帷幕）与降水（疏干或减压）。止水帷幕（如地连墙等）的深度对地下水流场的变化及控制降水对周围环境的影响起到了至关重要的作用，这主要体现在地下连续墙插入目标含水层的相对深度。

为了分析止水帷幕进入承压含水层不同深度时降水对周围环境所造成的影响规律，以苏州地铁 4 号线红庄站深基坑降水工程为例，对分析结果进行阐述。分析时，采用控制变量的方法，即在其余条件均相同的情况下，设置不同的地下连续墙深度（不设地下连续墙、地下连续墙插入第Ⅰ承压含水层深度为第Ⅰ含水层厚度的 30%、50%、60%、70%、80% 及地下连续墙完全隔断第Ⅰ承压含水层），计算以上不同情况下降水对地下水位、地面沉降的影响规律。图 6-2 为不同地下连续墙插入深度时降水引起的坑外距基坑 400m 范围内的水位降深及地表沉降曲线，图 6-3 为坑外 10m、30m、100m 处的水位降深和地表沉降随地下连续墙深度的变化曲线。分析结果表明：

(1) 当地下连续墙插入第Ⅰ承压含水层的相对深度小于其厚度的30%时，未能在第Ⅰ承压含水层中形成有效的隔水边界，地下连续墙对渗流场的影响基本可以忽略，降水对周围环境的影响较大，坑外水位降深和地表沉降随着地下连续墙插入深度的增加变化趋势较为缓慢，坑外最大水位降深和地表沉降值分别为12.5m和7.5cm。

(2) 当地下连续墙插入第Ⅰ承压含水层的相对深度达到其厚度的50%～80%时，地下连续墙在第Ⅰ承压含水层中能够形成有效的隔水边界。对于基坑内外的承压水渗流具有明显的阻隔效应，坑外水位降深和地表沉降随地下连续墙插入深度的增加迅速减小，且当超过70%时，其变化趋势更加明显，坑外最大水位降深和地表沉降值减小到7.0m和3.9cm。

(3) 当地下连续墙插入承压含水层的相对深度大于其厚度的80%以上，此时水位变化和地表沉降值以较大的速率呈线性趋势减小，降水对周围环境的影响进一步减小。

(4) 当完全隔断承压含水层时，坑外最大水位降深和地表沉降值仅为0.7m和7.0mm，此时降水对周边环境已基本无影响。

(5) 降水产生的影响范围与地下连续墙插入深度密切相关。当地下连续墙插入深度小于目标降水层厚度的50%时，降水所产生的影响范围随着地下连续墙深度的增大以较小的速率减小，水头下降范围大于地面沉降范围，坑外水位下降和地表沉降的影响范围分别达到了330m和300m；当超过其厚度的50%时，降水产生的影响范围随着地下连续墙深度的增大以较大的速率减小。当达到其厚度的80%时，坑外水位下降和地表沉降的影响范围分别减小到了80m和60m，降水引起的水头下降影响范围仍略大于地面沉降影响范围[287]。

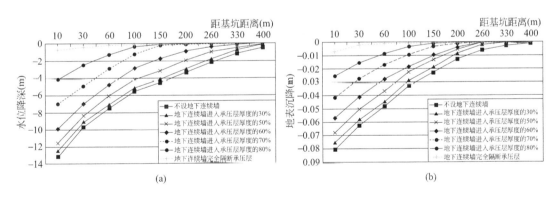

图6-2 坑外水位降深及地表沉降变化
(a) 水位降深；(b) 地表沉降

以上分析可以看出，随着止水帷幕插入深度不断增加，能够在第Ⅰ承压含水层中形成有效的隔水边界。且深度越大，止水帷幕的阻隔效果越明显。地下水流方向因地下连续墙的作用发生了改变，使得坑外地下水进入抽水井的渗流路径随着地下连续墙深度增大而增加；同时随着止水帷幕深度增大，坑外地下水补给坑内时的过水断面逐渐减小，当地下连续墙完全隔断含水层时，坑内外水力联系完全隔断。正是这些方面的原因，使得止水帷幕能够有效地控制坑内降水对基坑周边环境的影响。

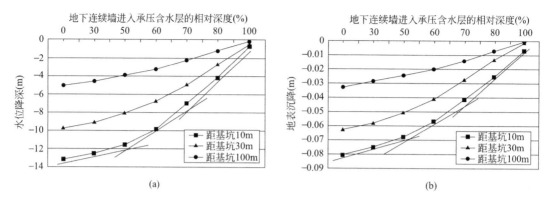

图 6-3 地下连续墙插入承压含水层的相对深度对坑外地表沉降影响曲线
(a) 水位降深；(b) 地表沉降

6.2.2 不同止水帷幕-井组合模式下降水对基坑渗流影响分析

1. 降水井布置对基坑渗流影响分析

为进一步研究不同的止水帷幕-降水井组合模式对周围环境的影响规律，针对不同的止水帷幕和降水设计方案（见表 6-1，止水帷幕进入承压含水层厚度的 50%，为研究方便，两种方案均设置 2 口抽水井），分析其对基坑内外渗流场的影响。

止水帷幕和降水设计方案　　　　　　　　　　表 6-1

方案	止水帷幕	降水设计
方案1	有(隔断承压含水层50%)	坑外降水
方案2	有(隔断承压含水层50%)	坑内降水

计算结果如表 6-2 所示：

（1）止水帷幕的存在使得基坑内外的渗流形态发生了改变，坑内降水和坑外降水所形成的地下水渗流场形态大不相同。由于渗流场形态的不同，降压降水时，在基坑内承压水水头达到安全降深时，不同的设计对周围环境的影响程度也不同。在其余条件相同的情况下，坑外降水和坑内降水时，坑内最大水位降深分别为 5.8m 和 13.0m，而坑外最大水位降深分别为 11.4m 和 2.7m，说明坑内降水效果明显优于坑外降水，且对周围环境造成的影响明显小于坑外降水。

（2）在地下连续墙插入目标含水层的深度为 50% 时，止水帷幕能够在目标含水层中形成一定的隔水边界，坑内降水能够在较少的降水井数量和抽水量的情况下，将承压水水头降低到安全深度，并且对坑外环境影响较小。因此，在基坑设置止水帷幕且周围环境要求较严格的情况下，坑内降水明显优于坑外降水，且随着止水帷幕深度的不断增大，优势更加明显。

（3）坑内或坑外降水以井布置在坑内或坑外来区别，只是形式的区别。实质上的坑内降水，井是布置在坑内，但关键是井过滤管的位置是否超过止水帷幕的深度。若超过止水帷幕的深度，地下水的渗流场还是以径向流为主，与井布置在坑外并无太大差异。因此，坑内降水还需注意的最重要的一点是过滤管的底部不应超过基坑止水帷幕的深度；而坑外降水，井不但布设在坑外，而且减压井的过滤管的顶部必须在基坑止水帷幕以下。

不同设计方案降水对周围环境影响的计算结果　　　　　表 6-2

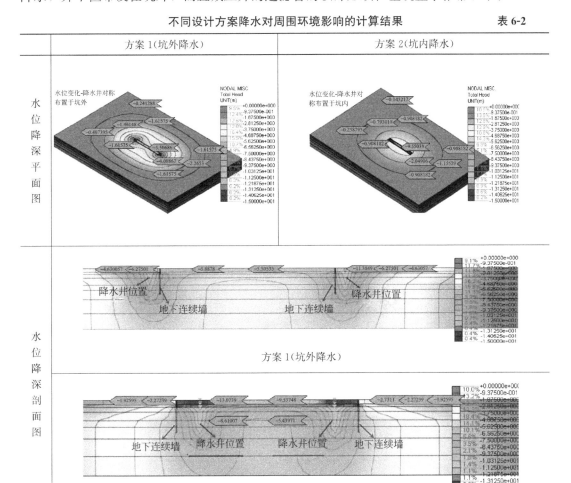

2. 降水井过滤器长度对基坑渗流影响分析

降水井在深度设计时往往会存在一个误区，即通常人们会认为降水井深度越大，降水井的出水量及坑内水位降深也越大，降水效果也会越好。然而，实际情况并非如此。对于减压井，真正起到作用的是设置于承压含水层中的过滤器长度，而其降水效果也并非真的随着过滤器长度的增大而越明显。为了进一步研究不同降水井深度情况下的降水效果，对不同降水井深度（过滤器长度）下的降水对基坑及其周边的渗流场影响进行分析。止水帷幕深度仍进入承压含水层深度的 50% 位置处，过滤器长度分别为 2m、4m、6m、8m、10m、12m、14m，对以上不同的止水帷幕-降水井深度（过滤器长度）下的降水效果及其对周围环境的影响进行分析。相应的计算结果如图 6-4、图 6-5 所示。

可以看出：

（1）当止水帷幕能够在降水目的含水层中形成有效的隔水边界时，在滤管长度小于止水帷幕深度的情况下，坑内降水的效果明显优于坑外降水。同时，对周围环境影响远小于坑外降水，且随着止水帷幕深度的不断增大，坑内降水优势更为明显。

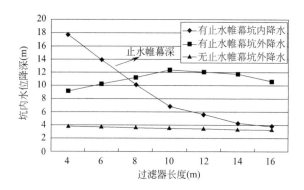

图6-4 坑内水位降深与过滤器长度关系

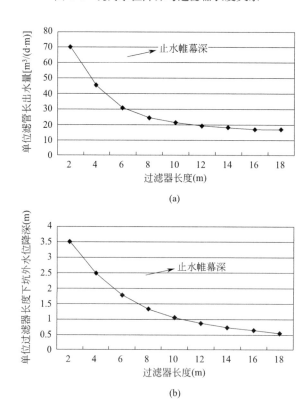

图6-5 单位过滤器长度下坑内出水量、坑外水位降深与过滤器长度关系
(a) 单位过滤器长度出水量与过滤器长度关系；(b) 单位过滤器长度坑外水为降深与过滤器长度关系

（2）当滤管长度大于止水帷幕深度时，坑内降水时，坑外地下水不断向坑内补给，坑内降水效果不如坑外降水，同时坑外降水能够避免基坑开挖阶段对减压井采取保护措施以及减压结束后的封井等一系列问题，此种情况下坑外降水效果优于坑内降水。

（3）当降水井滤管长度小于止水帷幕深度时，单位滤管长度坑内出水量与坑外水位降深随着滤管长度的增加而迅速减小；当滤管长度接近或超过止水帷幕深度时，单位出水量和单位降深的增加趋势减缓，如过滤器长度为14m时的单位滤管长度坑内出水量是过滤器为2m时的27%，此时虽然过滤器为14m时总的出水量较大，但因为坑外水不断地补给坑内，坑外抽水量占总的出水量的比例较大，坑内水位变化效果反而不明显，说明并不是降水井的长度（过滤器）越长，降水效果越好，通常降水井深度为止水帷幕深度的80%～90%为宜。在降水设计时，对于有止水帷幕的情况，必须对止水帷幕和降水井的组合设计进行优化，使得止水帷幕和降水井能够共同发挥其应有的作用，即使坑内水位达到安全水位以下的前提之下，能够保证基坑周围的环境不被破坏。

6.3 深基坑工程性降水开挖对临近建（构）筑物的影响分析及控制技术

城市地铁换乘站深度和规模较大，加之周边环境复杂，建（构）筑物较多、管线密布、交通量较大，基坑降水开挖的施工工况极为复杂。以常州轨道交通1号线新区公园站深基坑工程为例，基于ABAQUS的流固耦合模块和修正剑桥模型建立三维数值模拟，分析了基坑降水开挖诱发的基坑变形规律（包括墙后地表沉降、墙后土体水平位移、地下连续墙水平位移和坑底回弹），以及周围建（构）筑物基础变形规律（包括桩基础沉降、邻近桩基最大差异沉降、桩顶水平位移、桩基础侧向位移、筏形基础沉降、筏形基础倾斜率和筏形基础水平位移）。分析结果如图6-6～图6-11所示：

（1）开挖到坑底时，墙后地表沉降影响范围为墙后4倍开挖深度，墙后地表最大沉降位置为墙后0.56倍开挖深度，墙后地表最大沉降值为0.17%倍开挖深度；墙后土体水平位移影响范围为墙后3.3倍开挖深度，墙后土体最大水平位移位置为墙后0.57倍开挖深度，墙后土体最大水平位移值为0.11%倍开挖深度；地下连续墙最大水平位置为地表以下0.89倍开挖深度，地下连续墙最大水平位移为0.20%倍开挖深度。地下连续墙短边最大水平位移值约为长边的0.75倍；坑底竖向位移最大值为0.28%倍开挖深度，发生在基坑中部。

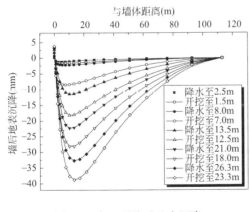 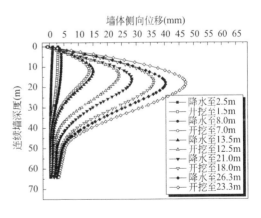

图6-6 各工况墙后地表沉降　　　　　图6-7 各工况地下连续墙水平位移

（2）筏形基础的沉降大于桩基础的沉降，筏形基础的倾斜率小于桩基础的倾斜率；浅层土体的降水开挖对筏形基础的影响大于对桩基础的影响，开挖深度超过一半桩长后的基坑降水开挖对桩基础影响增加；邻近桩基最大差异沉降增加的主要原因是基坑开挖和承压含水层的降水。

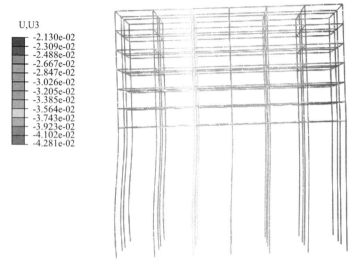

图 6-8 桩基础沉降云图

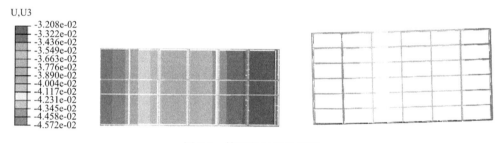

图 6-9 筏形基础沉降云图

（3）单桩的最大侧向位移随着单桩与基坑距离的增加而减小，其位置随着单桩与基坑距离的增加逐渐上移；靠近基坑一侧的桩基础最大侧向位移值随着基坑降水开挖过程增加，最大侧向位移位置从桩底上移至地表以下 13~15m。

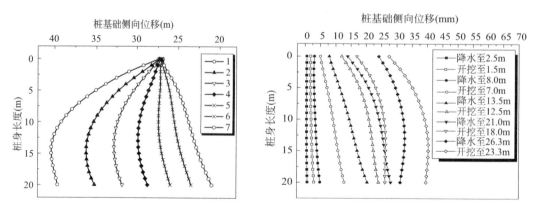

图 6-10 不同位置桩基侧向位移对比　　图 6-11 不同降深时靠近基坑一侧的桩基础侧向位移

分析表明，承压含水层的减压降水对基坑和周围建筑基础变形的影响较大，提出如下综合措施以免基坑和周围建（构）筑物发生过大变形：

（1）采用隔水帷幕、水平封底加固隔渗以及降压等措施，以减弱降水对临近建（构）筑物基础的影响。基坑开挖前，针对承压水开展群井抽水试验，以检验隔水帷幕的封闭可靠性、确定降压施工参数及评价对周围建（构）筑物的影响程度。降水运行过程中应随开挖深度逐步降低承压水水头，以控制承压水水头与上覆土压力满足开挖基坑稳定性要求为原则确定抽水量，不宜过量抽取承压水。必要时，可在建（构）筑物临近设置回灌系统，以保持临近设施的地下水位。

（2）针对不同周边建（构）筑物基础类型及工作现状，可采用基础托换方式、基础下预先注浆加固等预加固措施以提高建（构）筑物抗变形能力。在基坑降水开挖过程中，当建（构）筑物变形超过容许值时，可对其继续跟踪补偿注浆加固，并视变形的发展变化情况，实时调整注浆位置和注浆量，使保护对象的变形处于控制范围内，确保其正常运行[288,289]。

值得提醒的是，为减少基坑降水对高铁的影响，高铁保护技术，通常包括设置隔离桩和桩基后注浆。研究结果表明，通过在深基坑与高铁桥梁桩基之间设置隔离桩，能够有效控制降水造成的高铁桥梁桩基变形，距离高铁桥梁桩基越近，对高铁的保护效果越明显。考虑到隔离桩施工对高铁的影响，应当在隔离桩与高铁之间设置一定的安全距离；桩基后注浆技术虽然能够在某种程度上减缓高铁桩基的变形，但其作用不显著，根据计算结果，采用桩基后注浆仅可以将沉降减少10%，因此不建议将其应用到基坑降水对高铁造成变形的保护技术中。

6.4 临近隧道的基坑保护措施

江南工作井基坑降水将严重影响临近隧道结构稳定，主要包含由于降水施工使土体固结及土体的细颗粒流失，从而引起土体下沉，导致临近青奥隧道结构的沉降。故在江南工作井降水过程中，为保护临近隧道结构推荐采取如下措施：

1. 采取多梯次减压降水控制方法

通过在基坑坑外加设多道止水帷幕，第一道基坑围护结构地下连续墙兼作止水帷幕，地下连续墙外侧3m处设置一道600mm厚的塑性止水墙，同时在止水墙间设置一定数量的降水井，按需要开启降水井，梯次分配止水墙两侧水头差，增加渗流路径，达到减小基坑围护结构所受水压差，降低坑底突涌风险。

2. 确保降水井成井质量，避免土体细颗粒流失造成的沉降

施工机械设备选用反循环钻机及其配套设备。成孔时采用反循环回转钻进成孔工艺；对井口高度、回填滤料、黏土封孔、成孔偏差、井管偏差、出水含砂量等降水井验收指标严格控制。

3. 科学施做降水试验，检验基坑围护结构封闭性、推测降水对隧道的影响范围

围护结构的封闭止水效果对青奥隧道的影响起到至关重要的作用，为确保降水方案能够满足江南工作井开挖要求，土方正式开挖前，应开展现场试降水试验，以检验降水对青奥隧道的影响程度及范围、检验水位能否降至基底以下、检验围护结构的封闭止水效果、确定降水井与回灌井的数量和布置方式，并观测基坑外侧水位下降幅度，包括塑性止水墙内侧及外侧水位下降情况，推测降水影响范围，为方案优化及后期抽水运行提供可靠的数据。

4. 及时回灌，减少坑外水位下降幅度

基坑开始进行降水工作时，或者观测到坑外水位下降过大，且出现沉降变形，影响江南工作井及青奥隧道结构时，便可启动回灌井，直至基坑降水工作结束，或者是回灌后地下水位上升至标高3.0m。

5. 双电源保证，防止停电造成基底涌水涌砂

基坑施工过程中降水不得长时间中断，否则造成的后果无法估量，影响基坑和青奥隧道的安全。施工现场配备发电机，确保降水的连续运行，特别是降压井的电源能够得到及时切换，确保在现场配备发电机，同时配备自动切换设备。

附录　梯形作用力下的土体沉降和应力解析解

1936 年，Mindlin 首次给出了单个点荷载 P 作用于各向同性半无限空间弹性均质体内部时（图 1），以直角坐标系表示的弹性体内任一点 M 的应力如下[271]，Mindlin 解竖向应力等值线示意见图 2。

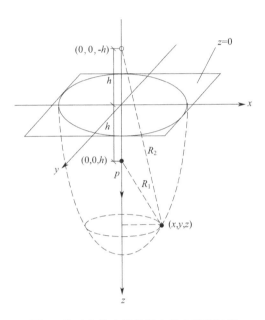

图 1　位于土体内部的竖向集中荷载示意

$$\sigma_x = \frac{p}{8\pi(1-\nu)}\left\{-\frac{(1-2\nu)(z-h)}{R_1^3}+\frac{3x^2(z-h)}{R_1^5}-\frac{(1-2\nu)[3(z-h)-4\nu(z+h)]}{R_2^3}\right.$$
$$+\frac{3(3-4\nu)x^2(z-h)-6h(z+h)[(1-2\nu)z-2\nu h]}{R_2^5}+\frac{30hx^2(z+h)}{R_2^7}$$
$$\left.+\frac{4(1-\nu)(1-2\nu)}{R_2(R_2+z+h)}\left(1-\frac{x^2}{R_2(R_2+z+h)}-\frac{x^2}{R_2^2}\right)\right\} \tag{1}$$

$$\sigma_y = \frac{p}{8\pi(1-\nu)}\left\{-\frac{(1-2\nu)(z-h)}{R_1^3}+\frac{3y^2(z-h)}{R_1^5}-\frac{(1-2\nu)[3(z-h)-4\nu(z+h)]}{R_2^3}\right.$$
$$+\frac{3(3-4\nu)y^2(z-h)-6h(z+h)[(1-2\nu)z-2\nu h]}{R_2^5}+\frac{30hy^2(z+h)}{R_2^7}$$
$$\left.+\frac{4(1-\nu)(1-2\nu)}{R_2(R_2+z+h)}\left(1-\frac{y^2}{R_2(R_2+z+h)}-\frac{y^2}{R_2^2}\right)\right\} \tag{2}$$

$$\sigma_z = \frac{p}{8\pi(1-\nu)} \left\{ \frac{(1-2\nu)(z-h)}{R_1^3} - \frac{(1-2\nu)(z-h)}{R_2^3} + \frac{3(z-h)^2}{R_1^5} \right.$$
$$\left. + \frac{3(3-4\nu)z(z+h)^2 - 3h(z+h)(5z-h)}{R_2^5} + \frac{30hz(z+h)^3}{R_2^7} \right\} \quad (3)$$

$$\tau_{yz} = \frac{py}{8\pi(1-\nu)} \left\{ \frac{(1-2\nu)}{R_1^3} - \frac{(1-2\nu)}{R_2^3} + \frac{3(z-h)^2}{R_1^5} \right.$$
$$\left. + \frac{3(3-4\nu)z(z+h) - 3h(3z+h)}{R_2^5} + \frac{30hz(z+h)^2}{R_2^7} \right\} \quad (4)$$

$$\tau_{zx} = \frac{py}{8\pi(1-\nu)} \left\{ \frac{(1-2\nu)}{R_1^3} - \frac{(1-2\nu)}{R_2^3} + \frac{3(z-h)^2}{R_1^5} + \frac{3(3-4\nu)z(z+h) - 3h(3z+h)}{R_2^5} + \frac{30hz(z+h)^2}{R_2^7} \right\} \quad (5)$$

$$\tau_{xy} = \frac{pxy}{8\pi(1-\nu)} \left\{ \frac{3(z-h)}{R_1^5} + \frac{3(3-4\nu)(z-h)}{R_2^5} - \frac{4(1-\nu)(1-2\nu)}{R_2^2(R_2+z+h)} \left[\frac{1}{R_2+z+h} + \frac{1}{R_2} \right] + \frac{30hz(z+h)^2}{R_2^7} \right\} \quad (6)$$

式中 $R_1 = \sqrt{r^2 + (z-h)^2}$，$R_2 = \sqrt{r^2 + (z+h)^2}$，$r^2 = x^2 + y^2$；
ν——泊松比。

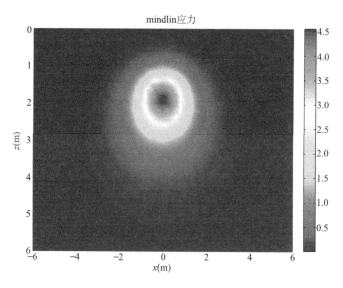

图 2 Mindlin 解竖向应力等值线

当 $h = 0$ 时，即为布辛奈斯克解答。
任一点所引起的位移解 w_{p0}（图 3）为：

$$w_{p0} = \frac{p(1+\nu)}{8\pi E(1-\nu)} \left\{ \frac{3-4\nu}{R_1} + \frac{8(1-\nu)^2 - (3-4\nu)}{R_2} + \frac{(z-h)^2}{R_1^3} \right.$$
$$\left. + \frac{(3-4\nu)(z+h)^2 - 2hz}{R_2^3} + \frac{6hz(z+h)^2}{R_2^5} \right\} \quad (7)$$

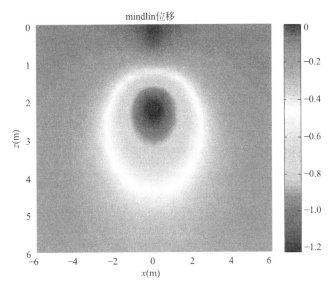

图 3　Mindlin 解竖向位移等值线示意

1. 线性作用力下的上覆土层沉降

通过式（7）积分得到线作用力作用下的沉降：

$$w_1 = \frac{p(1+\nu)}{8\pi E(1-\nu)} \left\{ (3-4\nu)\int_{-\infty}^{+\infty}\frac{\mathrm{d}y}{R_1} + (8(1-\nu)^2 - (3-4\nu))\int_{-\infty}^{+\infty}\frac{\mathrm{d}y}{R_2} \right.$$

$$\left. + (z-h)^2 \int_{-\infty}^{+\infty}\frac{\mathrm{d}y}{R_1^3} + ((3-4\nu)(z+h)^2 - 2hz)\int_{-\infty}^{+\infty}\frac{\mathrm{d}y}{R_2^3} + 6hz(z+h)^2 \int_{-\infty}^{+\infty}\frac{\mathrm{d}y}{R_2^5} \right\}$$

$$= \frac{p(1+\nu)}{8\pi E(1-\nu)} \left\{ \frac{2\ln(\sqrt{C_1^2+\alpha^2 b^2}+\alpha b)(3-4\nu)}{C_1} + \frac{2(z-h)^2}{C_1^2} + \frac{2[(3-4\nu)(z+h)^2-2hz]}{C_2^2} \right.$$

$$\left. + \frac{2\ln(\sqrt{C_2^2+\alpha^2 b^2}+\alpha b)[8(1-\nu)^2-(3-4\nu)]}{C_2} + \frac{24hz(z+h)^2}{3C_2^4} \right\} \tag{8}$$

式中　p——最大作用力。

前两项的无穷积分为无穷大，但考虑到线性作用力的长宽系数（$\alpha=l/b>3$），可以积分得到。

现将上式中的各项积分演算如下：

$$\int_{-\infty}^{+\infty}\frac{\mathrm{d}y}{R_1} = 2\int_0^{+\infty}\frac{\mathrm{d}y}{\sqrt{x^2+y^2+(z-h)^2}} \xlongequal{y=C_1\tan t} 2\int_0^{\pi/2}\frac{C_1\sec^2 t\,\mathrm{d}t}{C_1 \sec t}$$

$$= 2\int_0^{\pi/2}\sec t\,\mathrm{d}t = 2\ln|\sec t + \tan t| + C\,|_0^{\pi/2}$$

$$\xlongequal{l=\alpha b} \frac{2\ln(\sqrt{C_1^2+\alpha^2 b^2}+\alpha b)}{C_1} \tag{9}$$

$$\int_{-\infty}^{+\infty}\frac{\mathrm{d}y}{R_1^3} = 2\int_0^{+\infty}\frac{\mathrm{d}y}{\sqrt{x^2+y^2+(z-h)^2}^{3/2}} = \frac{2}{C_1^2} \tag{10}$$

$$\int_{-\infty}^{+\infty}\frac{\mathrm{d}y}{R_2^5} = 2\int_0^{+\infty}\frac{\mathrm{d}y}{\sqrt{x^2+y^2+(z-h)^2}^{5/2}} = \frac{4}{3C_2^4} \tag{11}$$

式中　$C_1=\sqrt{x^2+(z-h)^2}$；$C_2=\sqrt{x^2+(z+h)^2}$。

同理可得：

$$\int_{-\infty}^{+\infty}\frac{\mathrm{d}y}{R_2}=\frac{2\ln(\sqrt{C_2^2+a^2b^2}+ab)}{C_2} \tag{12}$$

$$\int_{-\infty}^{+\infty}\frac{\mathrm{d}y}{R_2^3}=\frac{2}{C_2^2} \tag{13}$$

$$\begin{aligned}w_{21}=&\frac{p(1+\nu)}{4\pi E(1-\nu)}\left\{\int_0^b\frac{\ln(\sqrt{C_1^2+a^2b^2}+ab)(3-4\nu)}{C_1}(1-\frac{x}{b})\mathrm{d}x\right.\\&+\int_0^b\frac{\ln(\sqrt{C_2^2+a^2b^2}+ab)[8(1-\nu)^2-(3-4\nu)]}{C_2}(1-\frac{x}{b})\mathrm{d}x+\int_0^b\frac{(z-h)^2}{C_1^2}(1-\frac{x}{b})\mathrm{d}x\\&+\int_0^b\frac{(3-4\nu)(z+h)^2-2hz}{C_2^2}(1-\frac{x}{b})\mathrm{d}x+\int_0^b\frac{4hz(z+h)^2}{C_2^4}(1-\frac{x}{b})\mathrm{d}x\Big\}\\=&\frac{p(1+\nu)}{4\pi E(1-\nu)}\Big\{\frac{\ln D_1}{|z-h|}\frac{b(3-4\nu)}{2}+\frac{\ln D_2}{|z+h|}\frac{b[8(1-\nu)^2-(3-4\nu)]}{2}+\\&+(z-h)^2\Big[\frac{1}{z-h}\arctan\frac{b}{z-h}-\frac{1}{2b}\ln\sqrt{b^2+(z-h)^2}\Big]\\&+[(3-4\nu)(z+h)^2-2hz]\Big[\frac{1}{z+h}\arctan\frac{b}{z+h}-\frac{1}{2b}\ln\sqrt{b^2+(z+h)^2}\Big]\\&+2hz(z+h)^2\Big[\frac{b}{(z+h)^2[b^2+(z+h)^2]}+\frac{1}{(z+h)^3}-\frac{1}{b(z+h)^2}+\frac{1}{b[(z+h)^2+b^2]}\Big]\Big\}\end{aligned} \tag{14}$$

上式中的各项积分演算如下：

$$\int_0^b\frac{\mathrm{d}x}{C_1^2}=\frac{1}{z-h}\arctan\frac{b}{z-h} \tag{15}$$

$$\int_0^b\frac{x\mathrm{d}x}{C_1^2}=\frac{1}{2}\ln\sqrt{b^2+(z-h)^2} \tag{16}$$

$$\int_0^b\frac{\mathrm{d}x}{C_2^4}=\frac{b}{2(h+z)^2[b^2+(h+z)^2]}+\frac{1}{2(h+z)^3}\arctan\frac{b}{h+z} \tag{17}$$

$$\int_0^b\frac{x\mathrm{d}x}{C_2^4}=\frac{1}{2(h+z)^2}-\frac{1}{2[(h+z)^2+b^2]} \tag{18}$$

$\dfrac{\ln(\sqrt{C_1^2+a^2b^2}+ab)}{C_1}$ 和 $\dfrac{\ln(\sqrt{C_1^2+a^2b^2}+ab)}{C_1}x$ 无法直接积分，所以利用泰勒展开式，然后再积分可得：

$$\begin{aligned}\int_0^b\frac{\ln(\sqrt{C_1^2+a^2b^2}+ab)}{C_1}\mathrm{d}x=&\frac{\ln D_1}{|z-h|}b\\&-\frac{b^3}{3}\Big(\frac{\ln D_1}{2|z-h|^3}-\frac{1}{2D_1\sqrt{a^2b^2+(z-h)^2}|z-h|}\Big)-x^5(0)\end{aligned} \tag{19}$$

$$\int_0^b \frac{\ln(\sqrt{C_1^2 + \alpha^2 b^2} + \alpha b)}{C_1} x\, dx = \frac{\log D_1}{|z-h|} \frac{b^2}{2} \tag{20}$$

$$-\frac{b^4}{4}\left(\frac{\log D_1}{2|z-h|^3} - \frac{1}{2D_1\sqrt{\alpha^2 b^2 + (z-h)^2}\,|z-h|}\right) - x^6(0)$$

式中 $D_1 = \alpha b + \sqrt{\alpha^2 b^2 + (h-z)^2}$；$D_2 = \alpha b + \sqrt{\alpha^2 b^2 + (h+z)^2}$。

同理可得：

$$\int_0^b \frac{dx}{C_2^2} = \frac{1}{z+h} \arctan \frac{b}{z+h} \tag{21}$$

$$\int_0^b \frac{x\, dx}{C_2^2} = \frac{1}{2} \ln \sqrt{b^2 + (h+z)^2} \tag{22}$$

$$\int_0^b \frac{\ln(\sqrt{C_2^2 + \alpha^2 b^2} + \alpha b)}{C_2} dx = \frac{\ln D_2}{h+z} b$$

$$-\frac{b^3}{3}\left(\frac{\ln D_2}{2(h+z)^3} - \frac{1}{2D_2\sqrt{\alpha^2 b^2 + (h+z)^2}\,(h+z)}\right) - x^5(0) \tag{23}$$

$$\int_0^b \frac{\ln(\sqrt{C_2^2 + \alpha^2 b^2} + \alpha b)}{C_2} x\, dx = \frac{\ln D_2}{h+z} \frac{b^2}{2}$$

$$-\frac{b^4}{4}\left(\frac{\ln D_2}{2(h+z)^3} - \frac{1}{2D_2\sqrt{\alpha^2 b^2 + (h+z)^2}\,(h+z)}\right) - x^6(0) \tag{24}$$

类似的，Ⅱ型小三角形的位移积分结果如下：

$$w_{22} = \frac{p(1+\nu)}{4\pi E(1-\nu)} \frac{b-a}{b} \Bigg\{ \int_0^a \frac{\ln(\sqrt{C_1^2 + \alpha^2 b^2} + \alpha b)(3-4\nu)}{C_1}\left(1-\frac{x}{a}\right) dx$$

$$+ \int_0^a \frac{\ln(\sqrt{C_2^2 + \alpha^2 b^2} + \alpha b)[8(1-\nu)^2 - (3-4\nu)]}{C_2}\left(1-\frac{x}{a}\right) dx + \int_0^a \frac{(z-h)^2}{C_1^2}\left(1-\frac{x}{a}\right) dx$$

$$+ \int_0^a \frac{(3-4\nu)(z+h)^2 - 2hz}{C_2^2}\left(1-\frac{x}{a}\right) dx + \int_0^a \frac{4hz(z+h)^2}{C_2^4}\left(1-\frac{x}{a}\right) dx \Bigg\}$$

$$= \frac{p(1+\nu)}{4\pi E(1-\nu)} \frac{b-a}{b} \Bigg\{ \frac{\ln D_{1a}}{|z-h|} \frac{a(3-4\nu)}{2} + \frac{\ln D_{2a}}{|z+h|} \frac{a[8(1-\nu)^2 - (3-4\nu)]}{2} +$$

$$+ (z-h)^2 \left[\frac{1}{z-h}\arctan\frac{a}{z-h} - \frac{1}{2a}\ln\sqrt{a^2+(z-h)^2}\right]$$

$$+ [(3-4\nu)(z+h)^2 - 2hz]\left[\frac{1}{z+h}\arctan\frac{a}{z+h} - \frac{1}{2a}\ln\sqrt{a^2+(z+h)^2}\right]$$

$$+ 2hz(z+h)^2\left[\frac{a}{(z+h)^2[a^2+(z+h)^2]} + \frac{1}{(z+h)^3} - \frac{1}{a(z+h)^2} + \frac{1}{a[(z+h)^2+a^2]}\right] \Bigg\} \tag{25}$$

式中 $D_{1a} = \alpha a + \sqrt{\alpha^2 a^2 + (h-z)^2}$；$D_{2a} = \alpha a + \sqrt{\alpha^2 a^2 + (h+z)^2}$。

2. 土体应力解

1) 线性作用力下的土体应力

袁聚云等得到竖向线荷载作用下的竖向应力：

$$\sigma_{z1} = \frac{p}{4\pi(1-\nu)} \left\{ \frac{(1-2\nu)(z-h)}{C_1^2} - \frac{(1-2\nu)(z-h)}{C_2^2} + \frac{2(z-h)^3}{C_1^4} \right.$$

$$\left. + \frac{2(3-4\nu)z(z+h)^2 - 2h(z+h)(5z-h)}{C_2^4} + \frac{16zh(z+h)^3}{C_2^6} \right\} \quad (26)$$

2) 梯形作用力下的土体应力

用土体沉降的计算方法，图 5-14 中 I 型三角形的土体竖向应力积分结果如下：

$$\sigma_{z1} = \frac{p}{4\pi(1-\nu)} \left\{ \int_0^b (1-2\nu)(z-h)\left(\frac{1}{C_1^2} - \frac{1}{C_2^2}\right)\left(1-\frac{x}{b}\right)\mathrm{d}x + \int_0^b \frac{2(z-h)^3}{C_1^4}\left(1-\frac{x}{b}\right)\mathrm{d}x \right.$$

$$\left. + \int_0^b \frac{2(3-4\nu)z(z+h)^2 - 2h(z+h)(5z-h)}{C_2^4}\left(1-\frac{x}{b}\right)\mathrm{d}x + \int_0^b \frac{16zh(z+h)^3}{C_2^6}\left(1-\frac{x}{b}\right)\mathrm{d}x \right\}$$

$$= \frac{p}{4\pi(1-\nu)} \left\{ (1-2\nu)F_1\left[\left(\frac{1}{F_1}\arctan\frac{b}{F_1} - \frac{1}{F_2}\arctan\frac{b}{F_2}\right) - \frac{1}{2b}(\ln\sqrt{F_{1b}} - \ln\sqrt{F_{2b}})\right] \right.$$

$$+ 2F_1^3\left[\left(\frac{b}{2F_1^2 F_{1b}} + \frac{1}{2F_1^3}\arctan\frac{b}{F_1}\right) - \frac{1}{2b}\left(\frac{1}{F_1^2} - \frac{1}{F_{1b}}\right)\right]$$

$$+ [2(3-4\nu)zF_2^2 - 2hF_2(5z-h)]\left[\left(\frac{b}{2F_2^2 F_{2b}} + \frac{1}{2F_2^3}\arctan\frac{b}{F_2}\right) - \frac{1}{2b}\left(\frac{1}{F_2^2} - \frac{1}{F_{2b}}\right)\right]$$

$$\left. + 16zhF_2^3\left[\frac{b}{4F_2^2 F_{2b}^2} + \frac{3b}{8F_2^4 F_{2b}} + \frac{3\arctan\left(\frac{b}{F_2}\right)}{8F_2^5} - \frac{1}{4b}\left(\frac{1}{F_2^4} - \frac{1}{F_{2b}^2}\right)\right] \right\} \quad (27)$$

上式中部分项的积分演算如下：

$$\int_0^b \frac{\mathrm{d}x}{C_1^4} = \frac{b}{2(z-h)^2[b^2+(z-h)^2]} + \frac{1}{2(z-h)^3}\arctan\frac{b}{z-h} \quad (28)$$

$$\int_0^b \frac{x\mathrm{d}x}{C_1^4} = \frac{1}{2(z-h)^2} - \frac{1}{2[(z-h)^2+b^2]} \quad (29)$$

$$\int_0^b \frac{\mathrm{d}x}{C_2^6} = \frac{b}{4(z+h)^2[(z+h)^2+b^2]^2} + \frac{3b}{8(z+h)^4[(z+h)^2+b^2]} + \frac{3\arctan\left(\frac{b}{z+h}\right)}{8(z+h)^5}$$

$$(30)$$

$$\int_0^b \frac{x\mathrm{d}x}{C_2^6} = \frac{1}{4(h+z)^4} - \frac{1}{4[(z+h)^2+b^2]^2} \quad (31)$$

式中 $F_1 = z-h$；$F_2 = z+h$；$F_{1b} = F_1^2 + b^2$；$F_{2b} = F_2^2 + b^2$。

类似的，II 型小三角形的位移积分结果如下：

$$\sigma_{z2} = \frac{p}{4\pi(1-\nu)} \left\{ \int_0^a (1-2\nu)(z-h)\left(\frac{1}{C_1^2} - \frac{1}{C_2^2}\right)\left(1-\frac{x}{a}\right)\mathrm{d}x + \int_0^a \frac{2(z-h)^3}{C_1^4}\left(1-\frac{x}{a}\right)\mathrm{d}x \right.$$

$$\left. + \int_0^a \frac{2(3-4\nu)z(z+h)^2 - 2h(z+h)(5z-h)}{C_2^4}\left(1-\frac{x}{a}\right)\mathrm{d}x + \int_0^a \frac{16zh(z+h)^3}{C_2^6}\left(1-\frac{x}{a}\right)\mathrm{d}x \right\}$$

$$= \frac{p}{4\pi(1-\nu)} \left\{ (1-2\nu)F_1 \left[\left(\frac{1}{F_1}\arctan\frac{a}{F_1} - \frac{1}{F_2}\arctan\frac{a}{F_2} \right) - \frac{1}{2a}(\ln\sqrt{F_{1a}} - \ln\sqrt{F_{2a}}) \right] \right.$$
$$+ 2F_1^3 \left[\left(\frac{b}{2F_1^2 F_{1a}} + \frac{1}{2F_1^3}\arctan\frac{a}{F_1} \right) - \frac{1}{2a}\left(\frac{1}{F_1^2} - \frac{1}{F_{1a}} \right) \right]$$
$$+ \left[2(3-4\nu)zF_2^2 - 2hF_2(5z-h) \right] \left[\left(\frac{a}{2F_2^2 F_{2a}} + \frac{1}{2F_2^3}\arctan\frac{a}{F_2} \right) - \frac{1}{2a}\left(\frac{1}{F_2^2} - \frac{1}{F_{2a}} \right) \right]$$
$$+ 16zhF_2^3 \left[\frac{a}{4F_2^2 F_{2a}^2} + \frac{3a}{8F_2^4 F_{2a}} + \frac{3\arctan(\frac{a}{F_2})}{8F_2^5} - \frac{1}{4a}\left(\frac{1}{F_2^4} - \frac{1}{F_{2a}^2} \right) \right] \right\} \quad (32)$$

式中 $F_{1a} = F_1^2 + a^2$；$F_{2a} = F_2^2 + a^2$。

取 $a = b/2$，梯形作用力下的土中竖向应力为：

$$\sigma_z = 2(\sigma_{z1} - \sigma_{z2}) \tag{33}$$

土体应力与数值分析的对比如图 4 所示，可以看出由于模型边界的影响，越接近模型底部，差距越大，但总体差距不大，平均误差为 30% 左右。

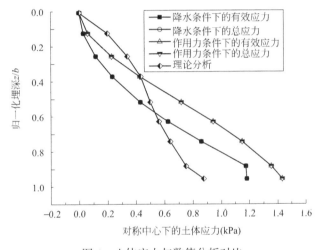

图 4 土体应力与数值分析对比

参考文献

[1] 徐曙光. 美国地面沉降调查研究 [J]. 国土资源情报, 2001 (12).

[2] 汪名鹏. 苏锡常地区主要地质灾害及防治措施 [J]. 中国地质灾害与防治学报, 2009 (1): 60-65.

[3] 叶耀东, 朱合华, 王如路. 软土地铁运营隧道病害现状及成因分析 [J]. 地下空间与工程学报, 2007, 3 (1): 157-160.

[4] 董国凤. 地面沉降预测模型及应用研究 [D]. 天津: 天津大学, 2006.

[5] Baum R L, Galloway D L, Harp A E L. Landslide and Land Subsidence Hazards to Pipelines [J]. U. S. geological Survey, 2008.

[6] Teatini P, Ferronato M, Gambolati G, et al. A century of land subsidence in Ravenna, Italy [J]. Environmental Geology, 2005, 47 (6): 831-846.

[7] 郭晨. 我国地面沉降灾害现状及其防治 [J]. 科技创新导报, 2009 (19): 131.

[8] 李勤奋, 王寒梅. 上海地面沉降研究 [J]. 高校地质学报, 2006, 12 (2): 169-178.

[9] 于军, 王晓梅, 武健强, 等. 苏锡常地区地面沉降特征及其防治建议 [J]. 高校地质学报, 2006 (2): 179-184.

[10] 李善峰, 叶晓滨, 何庆成, 等. 华北平原地面沉降灾害经济损失评估方法探讨 [J]. 水文地质工程地质, 2006, 33 (4): 114-116.

[11] Hu R L, Yue Z Q, Wang L C, et al. Review on current status and challenging issues of land subsidence in China [J]. Engineering Geology, 2004, 76 (1-2): 65-77.

[12] 韩彦霞, 王艳丽, 韩占成. 沧州市地面沉降现状、原因、危害及防治 [J]. 水资源研究, 2009 (2): 31-33.

[13] 杨健. 工程降水引发的地面沉降研究 [D]. 北京: 中国地质大学 (北京), 2005.

[14] 殷宗泽. 土工原理 [M]. 北京: 中国水利水电出版社, 2007.

[15] 金小荣, 俞建霖, 祝哨晨, 等. 基坑降水引起周围土体沉降性状分析 [J]. 岩土力学, 2005 (10): 1575-1581.

[16] 王春波, 丁文其, 刘文军, 等. 非稳定承压水降水引起土层沉降分布规律分析 [J]. 同济大学学报（自然科学版）, 2013 (3).

[17] Roberts T, Roscoe H, Powrie W, et al. Controlling clay pore pressures for cut-and-cover tunnelling [J]. Proceedings of the Institution of Civil Engineers-Geotechnical Engineering, 2007 (1): 227-236.

[18] 施成华, 彭立敏. 基坑开挖及降水引起的地表沉降预测 [J]. 土木工程学报, 2006 (5): 117-121.

[19] 张刚. 降承压水引起地表沉降的预估与实测对比研究 [J]. 地下空间与工程学报, 2013 (4): 908-913, 918.

[20] 郑刚, 朱合华, 刘新荣, 等. 基坑工程与地下工程安全及环境影响控制 [J]. 土木工程学报, 2016 (6): 1-24.

[21] 郑刚, 曾超峰, 薛秀丽. 承压含水层局部降压引起土体沉降机理及参数分析 [J]. 岩土工程学报, 2014 (5): 802-817.

[22] 曾超峰, 薛秀丽, 郑刚. 软土区基坑预降水引起支护墙侧移的典型参数影响研究 [J]. 岩土力学, 2017 (11): 3295-3303, 3318.

[23] 曾超峰, 郑刚, 薛秀丽. 大面积基坑开挖前预降水对支护墙变形的影响研究 [J]. 岩土工程学报, 2017

(6): 1012-1021.

[24] 曾超峰, 胡义, 薛秀丽. 不同施工条件下基坑预降水对地连墙侧移影响研究 [J]. 岩土工程学报, 2017 (z2): 112-115.

[25] 孙文娟, 沈水龙, 李耀良, 等. 基坑开挖前降水引起的地面沉降的工程实例分析 [J]. 岩土工程学报, 2008, 30 (s1): 314-318.

[26] 龚晓南, 张杰. 承压水降压引起的上覆土层沉降分析 [J]. 岩土工程学报, 2011, 33 (1): 145-149.

[27] 张杰. 杭州承压水地基深基坑降压关键技术及环境效应研究 [D]. 杭州: 浙江大学, 2012.

[28] 骆冠勇, 潘泓, 曹洪, 等. 承压水减压引起的沉降分析 [J]. 岩土力学, 2004 (z2): 196-200.

[29] 陈杰强, 凌造. 地面沉降研究及其防治 [J]. 城市建设理论研究: 电子版, 2012 (5).

[30] 刘泓伶, 李波, 樊艳云. 简述地面沉降的研究进展 [J]. 地质灾害与环境保护, 2012 (1): 16-20.

[31] 黄腾, 李桂华. 漫滩软土地铁隧道运营期沉降监控理论与技术 [M]. 北京: 科学出版社, 2012.

[32] 陈杰强, 凌造. 地面沉降研究及其防治 [J]. 城市建设理论研究: 电子版, 2012 (5): 1-5.

[33] Poland J F. Guidebook to studies of land subsidence due to ground-water withdrawal. [J]. Studies & Reports in Hydrology, 2011.

[34] 崔振东, 唐益群. 国内外地面沉降现状与研究 [J]. 地震工程学报, 2007, 29 (3): 275-278.

[35] 骆祖江, 李朗, 姚天强, 等. 松散承压含水层地区深基坑降水三维渗流与地面沉降耦合模型 [J]. 岩土工程学报, 2006, 28 (11): 1947-1951.

[36] 骆祖江, 刘金宝, 李朗. 第四纪松散沉积层地下水疏降与地面沉降三维全耦合数值模拟 [J]. 岩土工程学报, 2008 (2): 193-198.

[37] 王非. 地面沉降机理及灾害防治技术研究 [D]. 南京: 东南大学, 2010.

[38] 王光亚. 抽水地面沉降模型研究的回顾与展望 [Z]. 中国天津, 2005, 6.

[39] 薛禹群. 地面沉降与"禁采地下水" [J]. 江苏科技信息, 2007 (8): 1-3.

[40] 薛禹群. 我国地面沉降模拟现状及需要解决的问题 [J]. 水文地质工程地质, 2003 (5): 1-5.

[41] 薛禹群, 张云, 叶淑君, 等. 中国地面沉降及其需要解决的几个问题 [J]. 第四纪研究, 2003 (6): 585-593.

[42] 薛禹群, 张云, 叶淑君, 等. 我国地面沉降若干问题研究 [J]. 高校地质学报, 2006, 12 (2): 153-160.

[43] 叶淑君, 薛禹群, 张云, 等. 上海区域地面沉降模型中土层变形特征研究 [J]. 岩土工程学报, 2005, 27 (2): 140-147.

[44] 于广明, 张春会, 潘永站, 等. 采水地面沉降时空预测模型研究 [J]. 岩土力学, 2006 (5): 759-762.

[45] 石建省, 郭娇, 孙彦敏, 等. 京津冀德平原区深层水开采与地面沉降关系空间分析 [J]. 地质论评, 2006, 52 (6): 804-809.

[46] Holzer T L, Johnson A I. Land subsidence caused by ground water withdrawal in urban areas [J]. Geojournal, 1985, 11 (3): 245-255.

[47] 苏凯峰. 平顶山煤田地面沉降机理分析及研究 [J]. 河南理工大学学报 (自然科学版), 2014, 33 (1): 54-58.

[48] 孙赫, 张勤, 杨成生, 等. PS-InSAR 技术监测分析辽宁盘锦地区地面沉降 [J]. 上海国土资源, 2014 (4): 68-71.

[49] 刘大平, 刘成玉. 大庆油田石油开采对水文地质环境的影响及应因对策 [J]. 东北师大学报 (自然科学), 2012, 44 (3): 136-141.

[50] 高燕. 城市建设对地面沉降影响的研究 [D]. 北京: 清华大学, 2008.

[51] 介玉新, 高燕, 李广信. 城市建设对地面沉降影响的原因分析 [J]. 岩土工程技术, 2007, 21 (2): 78-82.

[52] 郑铣鑫, 武强, 侯艳声, 等. 城市地面沉降研究进展及其发展趋势 [J]. 地质论评, 2002 (6):

612-618.

[53] 丁德民，马凤山，张亚民，等. 高层建筑物荷载与地下水开采叠加作用下的地面沉降特征 [J]. 工程地质学报，2011 (3)：433-439.

[54] 秦伟颖，庄新国，黄海军. 现代黄河三角洲地区地面沉降的机理分析 [J]. 海洋科学，2008，32 (8)：38-43.

[55] 别君，黄海军，樊辉，等. 现代黄河三角洲地面沉降及其原因分析 [J]. 海洋地质与第四纪地质，2006，26 (4)：33-39.

[56] 闫文中. 西安地面沉降成因分析及其防治对策 [J]. 中国地质灾害与防治学报，1998 (2)：27-32.

[57] 顾宝和. 浅谈岩土工程的专业特点 [J]. 中国建材资讯，2007 (1)：19-23.

[58] 武胜忠，方鹏飞. 地面沉降的计算理论和方法 [J]. 太原理工大学学报，2000，31 (2)：162-166.

[59] 阳成. 深基坑混合抽水地面沉降的机理研究 [D]. 武汉：中国地质大学（武汉），2006.

[60] 陈崇希，林敏. 地下水动力学 [M]. 北京：中国地质大学出版社，1999.

[61] 贾亚杰，梁发云，崔振东，等. 基于层间位移协调的承压水降压引起土层变形分析 [J]. 岩土力学，2016 (s1)：42-48.

[62] Modoni G, Darini G, Spacagna R L, et al. Spatial analysis of land subsidence induced by groundwater withdrawal [J]. Engineering Geology, 2013, 167 (24)：59-71.

[63] 张云. 一维地面沉降模型及其求解 [J]. 工程地质学报，2002，10 (4)：434-437.

[64] 施小清，薛禹群，吴吉春，等. 常州地区含水层系统土层压缩变形特征研究 [J]. 水文地质工程地质，2006 (3)：1-6.

[65] 张云，薛禹群，吴吉春，等. 抽灌水条件下上海砂土层的变形特征和变形参数 [J]. 水利学报，2006 (5)：560-566.

[66] 张云，薛禹群，叶淑君，等. 地下水位变化模式下含水砂层变形特征及上海地面沉降特征分析 [J]. 中国地质灾害与防治学报，2006 (3)：103-109.

[67] 叶淑君，薛禹群，吴吉春，等. 基于修正麦钦特模型的地面沉降模拟：以上海为例 [J]. 南京大学学报（自然科学版），2011 (3)：291-298.

[68] 张云，薛禹群，吴吉春，等. 饱和黏性土蠕变变形试验研究 [J]. 岩土力学，2011 (3)：672-676.

[69] 张先伟，王常明，王钢城，等. 黄石淤泥质土的剪切蠕变特性及模型研究 [J]. 吉林大学学报（地），2009，39 (1)：119-125.

[70] 张利生，朱国荣. 鹏山水源地开采条件下的含水层固结模型 [J]. 岩土力学，2005，26 (7)：1141-1147.

[71] 李勤奋，方正，王寒梅. 上海市地下水可开采量模型计算及预测 [J]. 上海国土资源，2000，21 (2)：36-43.

[72] 许烨霜，沈水龙，唐翠萍，等. 基于地下水渗流方程的三维地面沉降模型 [J]. 岩土力学，2005 (S1)：109-112.

[73] 雷伟. 太沙基的单向固结理论在城市地面沉降研究中的应用 [D]. 长春：吉林大学，2005.

[74] Zienkiewicz O C, Shiomi T. Dynamic behaviour of saturated porous media: The generalized Biot formulation and its numerical solution [J]. International Journal for Numerical & Analytical Methods in Geomechanics, 2010, 8 (1)：71-96.

[75] 于军，吴吉春，叶淑君，等. 苏锡常地区非线性地面沉降耦合模型研究 [J]. 水文地质工程地质，2007 (5)：11-16.

[76] 方鹏飞，朱向荣，武胜忠. 太原市地面沉降的计算与预测 [J]. 煤田地质与勘探，2002，30 (4)：44-46.

[77] Gambolati G, Gatto P, Freeze R A. Mathematical simulation of the subsidence of Venice：2. Results [J]. Water Resources Research, 1974, 10 (3)：563-577.

[78] 赵慧，钱会，李渊，等. 抽水和建筑荷载双重作用下的地面沉降模型 [J]. 地球科学与环境学报，2008 (1)：57-59.

[79] 陈崇希，裴顺平. 地下水开采-地面沉降模型研究 [J]. 水文地质工程地质，2001 (2)：5-8.

[80] Sun H, Grandstaff D, Shagam R. Land subsidence due to groundwater withdrawal: potential damage of subsidence and sea level rise in southern New Jersey, USA [J]. Environmental Geology, 1999, 37 (4): 290-296.

[81] 冉启全，顾小芸. 考虑流变特性的流固耦合地面沉降计算模型 [J]. 中国地质灾害与防治学报，1998 (2)：101-105.

[82] Onta P R, Gupta A D. Regional management modelling of a complex groundwater system for land subsidence control. Water Resour Manag 9: 1-25 [J]. Water Resources Management, 1995, 9 (1): 1-25.

[83] 王非，缪林昌，黎春林. 抽水地面沉降中含水层渗流变形耦合模型研究 [J]. 铁道工程学报，2011 (7)：1-5.

[84] Bear J, Corapcioglu M Y. Mathematical model for regional land subsidence due to pumping II: Integrated aquifer subsidence equations for vertical and horizontal displacements [J]. 1981, 17 (4): 947-958.

[85] Lewis R W, Schrefler B. A fully coupled consolidation model of the subsidence of Venice [J]. Water Resources Research, 1978, 14 (2): 223-230.

[86] 陈杰，朱国荣，顾阿明，等. Biot 固结理论在地面沉降计算中的应用 [J]. 水文地质工程地质，2003，30 (2)：28-31.

[87] 黄雨，李景琳，陈蔚，等. 基于水-土完全耦合的地面沉降计算方法研究 [J]. 土木工程学报，2011 (S2)：198-201.

[88] 刘毅，龚士良. 上海市地面沉降泊松旋回长期预测 [J]. 中国地质灾害与防治学报，1998 (2)：77-82.

[89] 晏同珍. 地面沉降规律预测新模式 [J]. 地球科学，1989 (2)：75-82.

[90] 吴庆忠，高卫东. 基于 BP 网络模型的采水地面沉降时空预测 [J]. 工程勘察，2012 (1)：39-42.

[91] 李红霞，张建雄，赵新华. 基于混沌优化 BP 神经网络的地面沉降模型 [J]. 中国矿业大学学报，2008 (3)：396-401.

[92] 董国风. 地面沉降预测模型及应用研究 [D]. 天津：天津大学，2006.

[93] 张建军. 地面沉降预测及经济影响评价研究 [D]. 天津：天津大学，2006.

[94] 李红霞，赵新华，迟海燕，等. 基于改进 BP 神经网络模型的地面沉降预测及分析 [J]. 天津大学学报（自然科学与工程技术版），2009，42 (1)：60-64.

[95] 严剑锋，邓喀中. 基于 BP 网络与 WPGM (1, 1) 组合模型的地面沉降预测 [J]. 合肥工业大学学报：自然科学版，2013，36 (3)：361-364.

[96] 阳军生，刘宝琛. 抽水地面沉降预计的随机介质模型 [J]. 水文地质工程地质，1999 (5)：11-13.

[97] 于广明，张春会，潘永站，等. 采水地面沉降时空预测模型研究 [J]. 岩土力学，2006，27 (5)：759-762.

[98] 邵传青，郭家伟，王洁，等. 地面沉降预测的灰色-马尔柯夫模型 [J]. 中国地质灾害与防治学报，2008，19 (3)：69-72.

[99] 柳金杰，刘庆华. 地面沉降模拟预测及对策 [J]. 地下水，2011，33 (1)：29-30.

[100] Murayama S. Model experiments on land subsidence [C]. Tokyo, Japan, 1969.

[101] 蔚立元，李术才，徐帮树，等. 水下隧道流固耦合模型试验与数值分析 [J]. 岩石力学与工程学报，2011，30 (7)：1467-1474.

[102] 徐海洋，周志芳，脱兴华，等. 释水引起的含水层系统沉降试验研究 [J]. 水电能源科学，2011，29 (12)：50-52.

[103] 许烨霜，沈水龙，马磊. 地下构筑物对地下水渗流的阻挡效应 [J]. 浙江大学学报（工学版），2010 (10)：1902-1906.

[104] 许烨霜. 考虑地下构筑物对地下水渗流阻挡效应的地面沉降性状研究 [D]. 上海：上海交通大学，2010.

[105] 马磊. 地下水渗流环境改变引起含水层变形的机理及计算方法研究 [D]. 上海：上海交通大学，2012.

[106] 张昊宸. 变水头条件下土体沉降模型试验研究 [D]. 南京：南京大学，2014.

[107] 周朋飞. 城市复杂环境下地下水浮力作用机理试验研究 [D]. 北京：中国地质大学（北京），2006.

[108] 苑艺. 地面沉降对地铁隧道影响机制的模型试验研究 [D]. 西安：长安大学，2014.

[109] 唐益群，栾长青. 上海地铁宜山路站室内降水大型模型试验分析 [J]. 地下空间与工程学报，2008，4 (3)：483-488.

[110] 赵陈鹏. 轨道交通 9 号线宜山路站基坑降水对地面沉降的影响及室内模型试验研究 [D]. 上海：同济大学，2007.

[111] 戴海涛. 西安地面沉降物理模型试验研究 [D]. 西安：长安大学，2009.

[112] Roberts，Edwin J. Sand compression as a factor in oil field subsidence [J]. Massachusetts Institute of Technology，1965.

[113] 余龙. 软土盾构隧道纵向长期稳定性研究分析 [J]. 岩土工程技术，2012，26 (2)：59-64.

[114] 马险峰，余龙，李向红. 不同下卧层盾构隧道长期沉降离心模型试验 [J]. 地下空间与工程学报，2010，6 (1)：14-20.

[115] Gambolati G，Sartoretto F，Rinaldo A，et al. A boundary element solution to land subsidence above 3-D gas/oil reservoirs [J]. International Journal for Numerical & Analytical Methods in Geomechanics，1987，11 (5)：489-502.

[116] Kim J M. Generalized poroelastic analytical solutions for pore water pressure change and land subsidence due to surface loading [J]. Geosciences Journal，2000，4 (2)：95-104.

[117] Larson K J，Başağaoǧlu H，Mariño M A. Prediction of optimal safe ground water yield and land subsidence in the Los Banos-Kettleman City area，California，using a calibrated numerical simulation model [J]. Journal of Hydrology，2001，242 (1 - 2)：79-102.

[118] Kihm J H，Kim J M，Song S H，et al. Three-dimensional numerical simulation of fully coupled groundwater flow and land deformation due to groundwater pumping in an unsaturated fluvial aquifer system [J]. Journal of Hydrology，2007，335 (1-2)：1-14.

[119] 杨林德，杨志锡. 各向异性饱和土体的渗流耦合分析和数值模拟 [J]. 岩石力学与工程学报，2002，21 (10)：1447-1451.

[120] 崔亚莉，邵景力，谢振华，等. 基于 MODFLOW 的地面沉降模型研究——以北京市区为例 [J]. 工程勘察，2003 (5)：19-22.

[121] Mei G X，Yin J H，Zai J M，et al. Consolidation analysis of a cross-anisotropic homogeneous elastic soil using a finite layer numerical method [J]. International Journal for Numerical & Analytical Methods in Geomechanics，2004，28 (2)：111-129.

[122] 骆祖江，张月萍，刘金宝，等. 江苏沿江开发带地下水开采与地面沉降三维数值模拟 [J]. 地球科学与环境学报，2007，29 (3)：280-284.

[123] 刘白薇，唐仲华，董少刚. 大同市地面沉降数值模拟研究 [J]. 中国水运：理论版，2007，5 (11)：58-59.

[124] 彭青华. 沧州市地面沉降模型研究 [D]. 北京：中国地质大学（北京），2007.

[125] 余文芳. 沧州地区地面沉降模型研究 [D]. 北京：中国地质大学（北京），2007.

[126] Mcdonald M G，Harbaugh A W. A modular three-dimensional finite-difference ground-water flow model [M]. U. S. Geological Survey Techniques of Water-Resources Investigations，1988：387-389.

[127] Hanson R T，Faunt C. Simulation of subsidence for the regional-aquifer system in the santa clara valley，California [C]. Land Subsidence，Shanghai，China，2005.

[128] Shi X Q, Xue Y Q. Modification of sub package to simulate aquifersystem compaction and land subsidence [C]. Land Subsidence, Shanghai, China, 2005.

[129] 崔小东. MODFLOW 和 IDP 在天津地面沉降数值计算中的应用与开发 [J]. 中国地质灾害与防治学报, 1998 (2): 122-128.

[130] 骆祖江, 郑飞, 童学平. 地下水渗流沉降的三维耦合模型及程序的研制 [J]. 资源调查与环境, 2009, 30 (1): 55-61.

[131] 苏晨, 崔亚莉, 邵景力. 基于理论法的地面沉降数值模型进展 [J]. 水文地质工程地质, 2014, 41 (6): 147-152.

[132] 杨茜. 盾构隧道纵向不均匀沉降及实时监测方法研究 [D]. 北京: 北京交通大学, 2013.

[133] 陈春霞, 王祥, 王勇. 软土中已运营地铁隧道沉降原因综述 [J]. 建筑技术开发, 2009 (10): 75-77.

[134] Mecsi J. Ground Deformations Resulting from Shield Tunneling in Budapest [Z]. Shanghai: 2001: 138-141.

[135] 黄宏伟, 臧小龙. 盾构隧道纵向变形性态研究分析 [J]. 地下空间与工程学报, 2002, 22 (3): 244-251.

[136] 黄腾, 孙景领, 陶建岳, 等. 地铁隧道结构沉降监测及分析 [J]. 东南大学学报 (自然科学版), 2006 (2): 262-266.

[137] 孙景领. 地铁隧道结构沉降监测及分析 [D]. 南京: 河海大学, 2006.

[138] 陈春霞, 王祥, 王勇. 软土中已运营地铁隧道沉降原因综述 [J]. 建筑技术开发, 2009, 36 (10): 75-77.

[139] 林永国, 廖少明, 刘国彬. 地铁隧道纵向变形影响因素的探讨 [J]. 地下空间与工程学报, 2000, 20 (4): 264-267.

[140] 刘峰. 软土地区地铁隧道长期沉降及对地铁安全的影响 [D]. 南京: 南京大学, 2013.

[141] Shirlaw J N, Hulme T W. Marrying Risk Management to Slurry TBM Constrution [C]. 2007.

[142] Lee K M, Ji H W, Shen C K, et al. Ground Response to the Construction of Shanghai Metro Tunnel-Line 2. [J]. Soils & Foundations, 1999, 39 (3): 113-134.

[143] Shen S L, Wu H N, Cui Y J, et al. Long-term settlement behaviour of metro tunnels in the soft deposits of Shanghai [J]. Tunnelling & Underground Space Technology, 2014, 40 (12): 309-323.

[144] 上海申通地铁股份有限公司. 上海地铁地质环境安全评估及风险控制关键技术报告 [R]. 上海, 2012.

[145] 林永国, 廖少明, 刘国彬. 地铁隧道纵向变形影响因素的探讨 [J]. 地下空间与工程学报, 2000, 20 (4): 264-267.

[146] Working G N, Association I T. Guidelines for the design of shield tunnel lining [J]. Tunnelling & Underground Space Technology, 2000, 15 (3): 303-331.

[147] Atrb. Design and construction of transportation facilities [R]. 2000.

[148] 土木学会. 隧道标准规范 (盾构篇) 及解说 [M]. 北京: 中国建筑工业出版社, 2001.

[149] 上海市工程建设规范. 地基基础设计规范: DGJ 08—11—2010 [S]. 1999.

[150] 志波由紀夫, 川島一彦, 大日方尚已, 等. 応答変位法によるシールドトンネルの地震時断面力の算定法 [J]. 土木学会論文集, 1989.

[151] 志波由紀夫, 川島一彦, 大日方尚已, 等. シールドトンネルの耐震解析に用いる長手方向覆工剛性の評価法 [J]. 土木学会論文集, 1988.

[152] 小泉淳, 村上博智, 西野健三. シールドトンネルの軸方向特性のモデル化について [J]. 土木学会論文集, 1988.

[153] 蒋通, 苏亮. 地震作用下盾构法隧道的弹塑性受力分析 [J]. 岩土工程学报, 1999, 21 (2): 200-204.

[154] 徐凌. 软土盾构隧道纵向沉降研究 [D]. 上海: 同济大学, 2005.

[155] 臧小龙. 软土盾构隧道纵向结构变形研究 [D]. 上海: 同济大学, 2003.

[156] 廖少明. 圆形隧道纵向剪切传递效应研究 [D]. 上海：同济大学，2002.

[157] 林永国. 地铁隧道纵向变形结构性能研究 [D]. 上海：同济大学，2001.

[158] 刘学山. 考虑接触问题的粘弹性介质中盾构隧道的抗震分析 [D]. 上海：同济大学，2000.

[159] 姜启元，管攀峰. 软土盾构隧道的纵向变形分析 [J]. 地下工程与隧道，1999（4）：2-6.

[160] 黄钟晖. 盾构法隧道错缝拼装衬砌受力机理的研究 [D]. 上海：同济大学，2001.

[161] 朱合华，杨林德，陈清军，等. 盾构隧道管片接头衬砌系统的两种受力设计模型 [C]. 1996.

[162] Ding W Q, Yue Z Q, Tham L G, et al. Analysis of shield tunnel [J]. International Journal for Numerical & Analytical Methods in Geomechanics, 2004, 28 (1): 57-91.

[163] Blom C B M, van der Horst E J, Jovanovic P S. Three-dimensional structural analyses of the shield-driven "Green Heart" tunnel of the high-speed line South [J]. Tunnelling & Underground Space Technology, 1999, 14 (2): 217-224.

[164] 王如路. 上海地铁盾构隧道纵向变形分析 [J]. 地下工程与隧道，2009（4）：1-6.

[165] 陈俊生，莫海鸿，黎振东. 盾构隧道管片接头三维有限元分析 [J]. 建筑结构，2006（10）：85-87.

[166] 钟润辉，王立忠，王湛，等. 海底取水盾构隧道管片力学性状的数值研究 [J]. 浙江大学学报（工学版），2012（4）：672-680.

[167] 胡坚. 软土隧道的纵向变形计算方法 [D]. 上海：同济大学，2000.

[168] 张志强，何川，佘才高. 南京地铁盾构掘进施工的三维有限元仿真分析 [J]. 铁道学报，2005，27（1）：84-89.

[169] 张海波，殷宗泽，朱俊高. 地铁隧道盾构法施工过程中地层变位的三维有限元模拟 [J]. 岩石力学与工程学报，2005，24（5）：755-760.

[170] 朱合华，刘庭金. 超浅埋盾构法隧道施工方案三维有限元分析 [J]. 现代隧道技术，2001（6）：14-18.

[171] 黄宏伟，徐凌，严佳梁，等. 盾构隧道横向刚度有效率研究 [J]. 岩土工程学报，2006，28（1）：11-18.

[172] 余占奎，黄宏伟，娄宇，等. 局部均布荷载作用下软土盾构隧道结构分析 [J]. 特种结构，2006，23（4）：75-77.

[173] 廖少明，白廷辉，彭芳乐，等. 盾构隧道纵向沉降模式及其结构响应 [J]. 地下空间与工程学报，2006，2（5）：765-769.

[174] 林永国. 地铁隧道纵向变形结构性能研究 [D]. 上海：同济大学，2001.

[175] 余占奎，黄宏伟，徐凌，等. 软土盾构隧道纵向设计综述 [J]. 地下空间与工程学报，2005，1（2）：315-318.

[176] 郑永来，韩文星，童琪华，等. 软土地铁隧道纵向不均匀沉降导致的管片接头环缝开裂研究 [J]. 岩石力学与工程学报，2005，24（24）：4552-4558.

[177] 杨恒伟. 台湾浊水溪冲积扇地下水位变化及地面沉降对高铁之影响 [J]. 上海国土资源，2013，34（4）：25-32.

[178] 王大纯，张大权，史毅. 水文地质学基础 [M]. 北京：地质出版社，1995.

[179] 张昊宸. 变水头条件下土体沉降模型试验研究 [D]. 南京：南京大学，2014.

[180] 赵帅军. 武广客运专线英德段厚覆盖型岩溶区土洞顶板稳定性研究 [D]. 成都：成都理工大学，2009.

[181] 宋文杰. 地下水位变化与列车动载共同作用对地铁车站结构力学性能影响研究 [D]. 北京：北京建筑大学，2014.

[182] 晏鄂川，朱大鹏，宋琨，等. 基于数值模拟的三峡库区典型堆积层滑坡变形预测方法 [J]. 吉林大学学报（地），2012，42（2）：422-429.

[183] 张在明，孙保卫，徐宏声. 地下水赋存状态与渗流特征对基础抗浮的影响 [J]. 土木工程学报，2001，34（1）：73-78.

[184] 吉小明，王宇会. 隧道开挖问题的水力耦合计算分析 [J]. 地下空间与工程学报，2005，1（6）：

848-852.

[185] 邱发波. 高水位隧道外水压力对隧道结构稳定的影响 [D]. 兰州：兰州交通大学，2010.

[186] 张彬，李广信，杨俊峰. 地下水浮力作用机理模型试验设计与实施 [J]. 岩土工程技术，2006（3）：128-131.

[187] Mair R J. Tunnelling and geotechnics: new horizons [J]. Géotechnique, 2008, 58 (9): 695-736.

[188] Wongsaroj, Jarungwit. Three-dimensional finite element analysis of short and long-term ground response to open-face tunnelling in stiff clay [J]. University of Cambridge, 2006.

[189] 王莉. 软土盾构法隧道长期纵向沉降变形研究 [J]. 中国市政工程，2013（5）：89-91.

[190] 胡绮琳. 地下水对地铁工程影响及防治对策研究 [D]. 广州：华南理工大学，2009.

[191] 黄清飞，袁大军，王梦恕. 水位对盾构隧道管片结构内力影响研究 [J]. 岩土工程学报，2008（8）：1112-1120.

[192] 李建波，陈健云，李静. 渗流场对地铁隧道沉降与受力影响的流固耦合分析 [J]. 防灾减灾工程学报，2008, 28（4）：441-446.

[193] 林志斌，李元海，赵耀强，等. 地下水对软土盾构隧道施工的影响规律分析 [J]. 地下空间与工程学报，2012, 08（2）：157-163.

[194] 黄宏伟，刘印，张冬梅. 盾构隧道长期渗水对地表沉降及管片内力的影响 [J]. 中国铁道科学，2012, 33（6）：36-43.

[195] 傅勇，张全胜，高广运. FLAC～（3D）在圆形深基坑工程中的应用 [J]. 土工基础，2012（5）：28-31.

[196] 曹志豪，代志萍，谷雪影. 隔水帷幕深度对苏州地铁隧道结构影响分析 [J]. 隧道建设，2015（6）：535-541.

[197] 沈小克. 地下水与结构抗浮 [M]. 北京：中国建筑工业出版社，2013.

[198] 罗富荣，刘赪炜，韩煊. 地下水水位上升对地铁隧道结构的影响分析 [J]. 中国铁道科学，2011（1）：81-85.

[199] 简斌，卢铁鹰，李少巍，等. 地下水浮力对地下建筑结构安全的影响 [J]. 土木建筑与环境工程，2010, 32（1）：56-60.

[200] Zhang W, Gao L, Jiao X, et al. Occurrence assessment of earth fissure based on genetic algorithms and artificial neural networks in Su-Xi-Chang land subsidence area, China [J]. Geosciences Journal, 2014, 18 (4): 485-493.

[201] 薛禹群，吴吉春，张云，等. 长江三角洲（南部）区域地面沉降模拟研究 [J]. 中国科学（D辑：地球科学），2008（4）：477-492.

[202] Wu J, Shi X, Xue Y, et al. The development and control of the land subsidence in the Yangtze Delta, China [J]. Environmental Geology, 2008, 55 (8): 1725-1735.

[203] 沈水龙. 上海市广域地面沉降环境问题和对策技术 [R]. 南京：中国土木工程学会土力学及岩土工程分会环境土工专业委员会，2016.

[204] 李明霞. 地下水控采条件下上海地面沉降特征研究 [D]. 南京：南京大学，2014.

[205] 刘毅. 上海市地面沉降防治措施及其效果 [J]. 火山地质与矿产，2000, 21（2）：107-111.

[206] Shi X, Fang R, Wu J, et al. Sustainable development and utilization of groundwater resources considering land subsidence in Suzhou, China [J]. Engineering Geology, 2012, 124 (1): 77-89.

[207] 王玉军. 苏锡常地面沉降对环境的危害及控制研究 [D]. 南京：南京农业大学，2006.

[208] 周志芳，郑虎，庄超. 论地下水资源的永久性消耗量 [J]. 水利学报，2014, 45（12）：1458-1463.

[209] 施小清，冯志祥，姚炳奎，等. 苏锡常地区深层地下水禁采后土层变形特征分析 [J]. 第四纪研究，2014, 34（5）：1062-1071.

[210] 胡建平. 苏锡常地区地下水禁采后的地面沉降效应研究 [D]. 南京：南京大学，2011.

[211] Shi X, Xue Y, Wu J, et al. Characterization of regional land subsidence in Yangtze Delta, China: the example of Su-Xi-Chang area and the city of Shanghai [J]. Hydrogeology Journal, 2008, 16 (3): 593-607.

[212] Zhang Y, Xue Y Q, Wu J C, et al. Excessive groundwater withdrawal and resultant land subsidence in the Su-Xi-Chang area, China [J]. Environmental Earth Sciences, 2010, 61 (6): 1135-1143.

[213] 张阿根, 魏子新等. 中国地面沉降 [M]. 上海: 上海市科技出版社, 2005.

[214] 武健强, 吴曙亮, 闵望, 等. 苏锡常地区地面沉降防控最新进展评述 [J]. 地质学刊, 2014 (2): 319-323.

[215] Press C. Advanced Soil Mechanics, Fourth Edition [J]. Crc Press. 2013.

[216] Li J. A nonlinear elastic solution for 1-D subsidence due to aquifer storage and recovery applications [J]. Hydrogeology Journal, 2003, 11 (6): 646-658.

[217] Jr H H C, Jacob C E. A generalized graphical method for evaluating formation constants and summarizing well-field history [J]. Eos Transactions American Geophysical Union, 1946, 27 (4): 526-534.

[218] 俞涛. 地铁盾构隧道近接施工影响的数值模拟及模型试验研究 [D]. 成都: 西南交通大学, 2005.

[219] 黄强兵. 地裂缝对地铁隧道的影响机制及病害控制研究 [D]. 西安: 长安大学, 2009.

[220] 于宁. 盾构隧道预应力管片的模型试验与设计方法研究 [D]. 上海: 同济大学, 2004.

[221] Elwi A E, Hrudey T M. Finite Element Model for Curved Embedded Reinforcement [J]. Journal of Engineering Mechanics, 1989, 115 (4): 740-754.

[222] Naaman A E, Burns N, French C, et al. Stresses in unbonded prestressing tendons at ultimate: Recommendation [J]. Aci Structural Journal, 2002, 99 (4): 518-529.

[223] Hara T, Kato S, Ohya M. Nonlinear behavior of R/C cooling tower shells [J]. Structural Engineering & Mechanics, 1997, 5 (5): 541-552.

[224] Hara T, Kato S, Nakamura H. Ultimate strength of RC cooling tower shells subjected to wind load [J]. Engineering Structures, 1994, 16 (3): 171-180.

[225] Lin T Y. Strength of continuous prestressed concrete beams under static and repeated loads [J]. 1955.

[226] 李德寅, 王邦楣, 林亚超. 结构模型实验 [M]. 北京: 科学出版社, 1996.

[227] 杨俊杰. 相似理论与结构模型试验 [M]. 武汉: 武汉理工大学出版社, 2005.

[228] 林家祥, 段创峰, 赵艳鹏, 等. 模型隧道新型浆液抗浮试验研究 [J]. 城市道桥与防洪, 2008 (8): 157-160.

[229] 鞠杨, 徐广泉, 毛灵涛, 等. 盾构隧道衬砌结构应力与变形的三维数值模拟与模型试验研究 [J]. 工程力学, 2005, 22 (3): 157-165.

[230] 李围, 何川. 盾构隧道近接下穿地下大型结构施工影响研究 [J]. 岩土工程学报, 2006, 28 (10): 1277-1282.

[231] 李围, 何川, 张志强. 大型地下结构下修建盾构隧道模型试验 [J]. 西南交通大学学报, 2005, 40 (4): 478-483.

[232] 汪洋, 何川, 曾东洋, 等. 盾构隧道正交下穿施工对既有隧道影响的模型试验与数值模拟 [J]. 铁道学报, 2010, 32 (2): 79-85.

[233] 王彪. 上海长江隧道衬砌结构整环试验与研究 [D]. 上海: 同济大学, 2007.

[234] Chow B. Double-O-tube shield tunneling technology in the Shanghai Rail Transit Project [J]. Tunnelling & Underground Space Technology, 2006, 21 (6): 594-601.

[235] 李文阳. 西安地裂缝对地铁盾构隧道衬砌影响的模型试验研究 [D]. 西安: 长安大学, 2008.

[236] 刘维宁, 路美丽, 张新金, 等. 盾构法和浅埋暗挖法结合建造地铁车站的模型试验 [J]. 岩石力学与工程学报, 2009, 28 (8): 1629-1639.

[237] 何川, 封坤, 杨雄. 南京长江隧道超大断面管片衬砌结构体的相似模型试验研究 [J]. 岩石力学与工程

学报，2007，26（11）：2260-2269.

[238] 唐志成，何川，林刚. 地铁盾构隧道管片结构力学行为模型试验研究 [J]. 岩土工程学报，2005，27（1）：85-89.

[239] 何应道. 铁路隧道管片衬砌纵向结构力学特征研究 [D]. 成都：西南交通大学，2009.

[240] 叶飞，何川，王士民. 浅析盾构隧道模型试验的现状与发展 [J]. 现代隧道技术，2011，48（1）：66-74.

[241] 中华人民共和国水利部. 土的工程分类标准：GB/T 50145—2007 [S]. 北京：中国计划出版社，2008.

[242] 周敏，杜延军，王非，等. 地层沉陷中埋地 HDPE 管道力学状态及模型试验分析 [J]. 岩土工程学报，2016，38（2）.

[243] 王非，缪林昌，王正兴，等. 砂性土中隧道施工引起地层沉降分布特征的模型试验研究 [J]. 岩石力学与工程学报，2014（s1）：3327-3332.

[244] 王正兴. 盾构隧道施工对既有连续管线性状影响研究 [D]. 南京：东南大学，2014.

[245] 王正兴，缪林昌，王冉冉，等. 砂土隧道施工对下卧管线影响的试验和数值模拟分析 [J]. 岩土工程学报，2014，36（1）：182-188.

[246] Arockiasamy M, Chaallal O, Limpeteeprakarn T. Full-Scale Field Tests on Flexible Pipes under Live Load Application [J]. Journal of Performance of Constructed Facilities, 2006, 20（1）：21-27.

[247] 尤佺，张亚军，王非，等. 埋地 HDPE 管道施工过程中装配应变分布规律的现场试验研究 [J]. 岩土工程学报，2014，36（12）：2282-2290.

[248] Shin J H, Kim S H, Shin Y S. Long-term mechanical and hydraulic interaction and leakage evaluation of segmented tunnels [J]. Soils & Foundations, 2012, 52（1）：38-48.

[249] 李琳. 工程降水对深基坑性状及周围环境影响的研究 [D]. 上海：同济大学，2007.

[250] 沈科. 区域地面沉降对（京沪）高速铁路路基的影响及对策研究 [D]. 成都：西南交通大学，2013.

[251] 孙宇坤，吴为义，张土乔. 管隧平行时地下管线沉降的影响因素分析 [J]. 中国给水排水，2008，24（10）：95-98.

[252] 毕继红，刘伟，江志峰. 隧道开挖对地下管线的影响分析 [J]. 岩土力学，2006，27（8）：1317-1321.

[253] 秦建设. 盾构施工开挖面变形与破坏机理研究 [D]. 南京：河海大学，2005.

[254] 吴为义. 盾构隧道周围地下管线的性状研究 [D]. 杭州：浙江大学，2008.

[255] Group I C. FLAC manual [M]. Minneapolis：Itasca，2012.

[256] Attewell P B, Yeates J, Selby A R. Soil movements induced by tunnelling and their effects on pipelines and structures [J]. Methuen Inc New York Ny, 1986.

[257] Vorster T E, Klar A, Soga K, et al. Estimating the Effects of Tunneling on Existing Pipelines [J]. Journal of Geotechnical & Geoenvironmental Engineering, 2005, 131（11）：1399-1410.

[258] 张明臣. 承压水降水引起深基坑变形研究 [D]. 北京：中国矿业大学，2015.

[259] 吴林高，等. 基坑工程降水案例 [M]. 北京：人民交通出版社，2009.

[260] 瞿成松. 上海地铁四号线董家渡修复段基坑降水实录 [J]. 岩土工程学报，2010（2）：339-342.

[261] 徐芝纶. 弹性力学. 上册 [M]. 北京：高等教育出版社，2006.

[262] 王敏中，王炜，武际可. 弹性力学教程. 修订版 [M]. 北京：北京大学出版社，2011.

[263] Davis R O, Selvadurai A P S. Plasticity and Geomechanics [M]. UK：Cambridge University Press，2002.

[264] Das B M. Advanced soil mechanics [M]. Hemisphere Pub. Corp, 1983：714.

[265] Pacheco M. Stresses and Displacements for Shallow Foundations [J]. Engineering Geology, 1993, 35（1-2）：135-136.

[266] Selvadurai A P S. On Boussinesq's problem [J]. International Journal of Engineering Science, 2001, 39（3）：317-322.

[267] Golecki J J. Divergent integral appearing in Fourier - transform applications in elasticity [J]. Internation-

al Journal of Mathematical Education in Science & Technology,1975,6(3):321-326.

[268] Manivachakan K,Chakrabarti A. A generalized Fourier transform and its use in Flamant's problem of the classical theory of elasticity [J]. International Journal of Mathematical Education in Science & Technology,2006,11(2):251-258.

[269] Mindlin R D. Force at a Point in the Interior of a Semi - Infinite Solid [J]. Physics,1936,7(5):195-202.

[270] Unger D J. Similarity Solution of the Flamant Problem by Means of a One-Parameter Group Transformation [J]. Journal of Elasticity & the Physical Science of Solids,2002,66(1):93-97.

[271] 雷国辉,孙华圣,吴宏伟. 半无限平面问题的相对位移 [J]. 岩土力学,2014(5):1224-1230.

[272] 陈甦,李小乾. 作用在半无限体内部的竖向均布条形荷载引起的土中应力公式 [J]. 苏州科技大学学报(工程技术版),1997(2):13-17.

[273] 陈甦,蒋嵘. 地基内竖向三角形荷载引起的土中应力公式 [J]. 华东交通大学学报,2001,18(2):63-67.

[274] 袁聚云,赵锡宏. 竖向均布荷载作用在地基内部时的土中应力公式 [J]. 力学季刊,1995(3):213-222.

[275] 袁聚云,赵锡宏. 竖向线荷载和条形均布荷载作用在地基内部时的土中应力公式 [J]. 力学季刊,1999(2):156-165.

[276] 陈郁,李永盛. 基坑开挖卸荷引起下卧隧道隆起的计算方法 [J]. 地下空间与工程学报,2005,1(1):91-94.

[277] 刘涛,刘国彬,史世雍. 基坑加固扰动引起地铁隧道隆起变形 [J]. 哈尔滨工业大学学报,2009(2):141-144.

[278] 黄栩,黄宏伟,张冬梅. 开挖卸荷引起下卧已建盾构隧道的纵向变形研究 [J]. 岩土工程学报,2012(7):1241-1249.

[279] 宗翔. 基坑开挖卸载引起下卧已建隧道的纵向变形研究 [J]. 岩土力学,2016(S2):571-577.

[280] 梁荣柱,林存刚,夏唐代,等. 考虑隧道剪切效应的基坑开挖对邻近隧道纵向变形分析 [J]. 岩石力学与工程学报,2017(1):223-233.

[281] Klar A,Vorster T E B,Soga K,et al. Soil-pipe interaction due to tunnelling: comparison between Winkler and elastic continuum solutions [J]. Géotechnique,2005,55(6):461-466.

[282] Yu J,Zhang C,Huang M. Soil - pipe interaction due to tunnelling: Assessment of Winkler modulus for underground pipelines [J]. Computers & Geotechnics,2013,50(5):17-28.

[283] 北京市规划委员会. 城市轨道交通岩土工程勘察规范:GB 50307—2012 [S]. 北京:中国计划出版社,2012.

[284] 陈育民,徐鼎平. FLAC/FLAC3D 基础与工程实例 [M]. 北京:中国水利水电出版社,2013.

[285] 刘庭金. 地铁盾构隧道弯矩和变形控制值研究 [J]. 隧道建设,2010(s1):109-112.

[286] 黄宏伟,黄栩,Helmut Schweiger F. 基坑开挖对下卧运营盾构隧道影响的数值模拟研究 [J]. 土木工程学报,2012(3):182-189.

[287] 李伟. 苏州地铁基坑工程承压水减压对环境影响及其控制技术研究 [D]. 南京:东南大学,2015.

[288] 李恒. 临江超深基坑降水开挖对近接隧道影响分析研究 [D]. 南京:东南大学,2019.

[289] 郑灿政. 深基坑工程降水对既有高铁桥梁桩基的影响研究 [D]. 南京:东南大学,2016.